江苏师范大学小学教育国家级一流本科专业建设点资助出版

U0646255

小学科学教学设计与技能训练

XIAOXUE KEXUE JIAOXUE SHEJI YU JINENG XUNLIAN

小学教育一流专业建设教材

刘翠 张艳 / **主编**

北京师范大学出版集团
BEIJING NORMAL UNIVERSITY PUBLISHING GROUP
北京师范大学出版社

图书在版编目(CIP)数据

小学科学教学设计与技能训练 / 刘翠,张艳主编. —北京:
北京师范大学出版社,2023.6(2025.4重印)
小学教育一流专业建设教材
ISBN 978-7-303-29085-7

Ⅰ.①小… Ⅱ.①刘… ②张… Ⅲ.①科学知识-教学设
计-小学-高等师范院校-教材 Ⅳ.①G623.62

中国国家版本馆 CIP 数据核字(2023)第 078913 号

出版发行:北京师范大学出版社 https://www.bnupg.com
　　　　　北京市西城区新街口外大街 12-3 号
　　　　　邮政编码:100088
印　　刷:北京天泽润科贸有限公司
经　　销:全国新华书店
开　　本:787 mm×1092 mm　1/16
印　　张:11.75
字　　数:251 千字
版　　次:2023 年 6 月第 1 版
印　　次:2025 年 4 月第 4 次印刷
定　　价:32.00 元

策划编辑:张筱彤　　　　　　责任编辑:张筱彤
美术编辑:焦　丽　　　　　　装帧设计:焦　丽
责任校对:陈　民　　　　　　责任印制:马　洁

总 序

本套教材由江苏师范大学教育科学学院（教师教育学院）小学教育国家级一流本科专业建设点资助出版，共有《教师的实践哲学》《儿童哲学》《小学生认知与学习》等 21 本，基本涵盖了小学教育专业的学科专业课程、教育实践课程以及教师教育课程，并重点关注了新时代教育前沿课程。

本套教材自酝酿到遴选、初审再到申报选题、审读、出版，经历了一个较为漫长的过程。2019 年，江苏师范大学教育科学学院（教师教育学院）小学教育专业先后获批江苏省高校一流本科专业和国家级一流本科专业建设点，国家级一流本科专业建设点本身对教材建设有要求。2019 年年初，我们在学院发布了教材招标书，明确了申报条件、教材范围以及申报程序。在提交给出版社教材目录之前，我们对所申报的教材采用院内评价、同行评价、专家评价的方式进行了三轮严格的遴选。我们把"三个原则，三个标准"作为教材遴选的基本条件。

三个原则，即思想性原则、实用性原则和时代性原则。这三个原则也是教材出版的基本依据和根本遵循。一是思想性原则。思想性就是有意识地将习近平新时代中国特色社会主义思想、社会主义核心价值观有机融入教材内容，体现马克思主义中国化要求，体现中国和中华民族风格，体现党和国家对教育的基本要求，体现国家和民族基本价值观，围绕育人目标，深度挖掘提炼小学教育专业知识体系中所蕴含的思想价值和精神内涵，注重加强师德师风教育，引导学生树立学为人师、行为世范的职业理想，争作"四有"好老师，充分体现课程的思想逻辑、价值逻辑和实践逻辑。二是实用性原则。小学教育专业教材编写的指向很明确，就是要培养能够胜任小学教育教学的高素质、专业化、创新型教师，这就要求教材实用、能用、好用。教材要遵循小学教育专业教育教学规律、小学教师人才成长规律，贴近小学教育专业学生的思想、学习和生活实际，以便教师好教、学生好学、学有所得、学以致用。我们要求教材在呈现专业知识时，以实际问题为出发点和归宿，体现知识的形成和应用过程，突出理论与实践的统一，培养学生用教育学的思想和眼光观察世界的习惯，在教学实践中提升问题解决的能力。教材一定要注重师范生能力培养，以创新精神和实践能力为核心，以培养学生发现问题、提出问题、分析问题、解决问题的能力为目标，完善以能力培养为核心的教学设计。这就要求编者不仅要精心设计教材内容，还应在编写体例上下足功夫，夯实学生能力发展的知识基础，把知识学习与能力形成有效地结合起来。三是时代性原则。时代发展和科技进步是教材改革最有效的催化剂。要想更新教材内容、创造性转化传统教育观念，就必须立足时代前沿，及时反映经济社会发展新变化、科学技术进步新成果；既要相对稳定，准确阐述本学科专业基本概念、基本知识和基本方法，保持小学教育专业教材的科学性，又要与时俱进，吸纳最新研究成果，保障人才培养的先进性。

三个标准，即专业标准、经历标准和验证标准。一是专业标准。凡申报教材出版的教师，必须有高级职称，必须在其专业领域表现出较高的专业水准。我们不是唯职称论者，所看重的并不是职称，而是职称背后的学术训练、实践历练和经验老练。二是经历标准。我们要求教材编者必须有三个经历：和中小学的长期合作经历、经常去中小学体验的经历，以及指导中小学教科研的经历。这三个经历缺一不可。之所以要特别强调经历标准，是因为教材是要"用"的，如果编者对基础教育的情况不熟悉、不了解，对中小学课程标准摸不透、吃不准，对中小学到底需要什么样的教师把握得不清楚、不准确，那么他就既不能准确地理解我们对人才培养目标的设计，也不能保证课程、教学对于培养目标、毕业要求的达成，当然也就写不出一本具有学科特色、专业特色的教材。三是验证标准。验证标准就是所申报的教材内容必须在教学实践中经过两到三轮的试用，也就是说在出版之前，必须已经验证了教材的适用性。事实上，有的教材是编者十几年乃至几十年专业教学工作的结晶。从这个意义上讲，这套教材既是我们对教学实践的总结，也是对教学实践的反思与提炼。

我们按照"三个原则，三个标准"遴选的教材又经过了出版社的严格审核、层层遴选、多重把关，应该说充分保障了教材本身的质量。

本套教材出版之际，还是要表达由衷的感谢之情。感谢江苏师范大学小学教育专业团队，这个团队所有成员同呼吸、共命运，同甘共苦，同心同德，矢志创业，本套教材在某种意义上也是团队共同奋斗的见证。感谢北京师范大学出版社郭兴举、李轶楠、张筱彤及其他编辑同志，他们的精心编辑、审读使本套教材锦上添花，他们的帮助对江苏师范大学小学教育专业建设而言是雪中送炭。最后，也要感谢江苏师范大学小学教育专业的所有学生，他们的成长与发展是我们追求进步的不竭动力。当然，由于编者水平所限，教材不免会有不妥之处，同时随着教育实践和研究的不断发展，教材的内容也应该不断升级换代，敬请广大读者、同行专家给予批评指正，欢迎提出富有建设性的意见，以便今后进一步修订完善。

高伟

前　言

一堂好的小学科学课应是教师教学艺术的综合体现。师范生的教学实践能力还处于起步阶段，在不违背教学规律的前提下，对教学实践的过程进行适当切分，提取一些微观的教学技能，如导入、提问、科学实验、课堂调控、板书、课程资源开发、作业设计及评价等，对师范生加以指导，能有效提升其教学设计能力与教学技能，从而为其将来从事小学科学教师工作奠定基础。

本教材基于《义务教育科学课程标准（2022年版）》及小学科学一至六年级最新版教材编写，围绕小学科学教师职业素养，其特点是理论与实践相结合，紧密联系小学科学课程及教材的变化。本教材融实用性、操作性、可读性于一体，依托江苏省多所实验小学，由高校小学科学方向教师、小学科学教研员、小学科学名师及研究生组成团队，共同开发课程，共建实习基地，使见习、实习、教学技能课程三合一，实现小学科学教学设计课程与教学实践有机结合，让师范生在真实的情境中领会小学科学教学活动的特点，探索小学科学教学的规律，丰富自身教学经验，并尝试进行教学创新。

目前在师范院校普遍设有小学科学课程，但小学科学教学设计与技能类教材相对较少，基于小学科学新课标、新教材编写的则更少，因此，本教材可以有效满足师范院校课程开设的需要。

参与本书编写的有：刘翠（江苏师范大学化学与材料科学学院/教师教育学院），张艳（江苏师范大学物理与电子工程学院/教师教育学院），潘德顺（苏州工业园区教师发展中心），陈伟光（新沂市城东小学），邢蓓蓓（江苏师范大学化学与材料科学学院），陈诺（江苏师范大学化学与材料科学学院），顾成丞（江苏师范大学物理与电子工程学院），柳旭（江苏师范大学物理与电子工程学院），毛静文（江苏师范大学物理与电子工程学院），于祥（江苏师范大学物理与电子工程学院）。本教材得到了北京师范大学出版社和江苏师范大学教育科学学院的大力支持，在此表示衷心感谢。

本教材适用于小学教育专业师范生及小学科学专业教育硕士的培养，也可用作小学科学教师培训教材。本教材引用、借鉴、参考了国内外同行的资料与文献，并引用了部分教学案例，在此致以最诚挚的谢意。由于编者能力有限，教材中难免有不妥之处，恳请广大读者提出宝贵意见，以便我们进一步完善。

编者

目　录

上篇　理论篇

下篇　实践篇

上篇
理论篇

第一章

小学科学教学内容
分析与学情分析

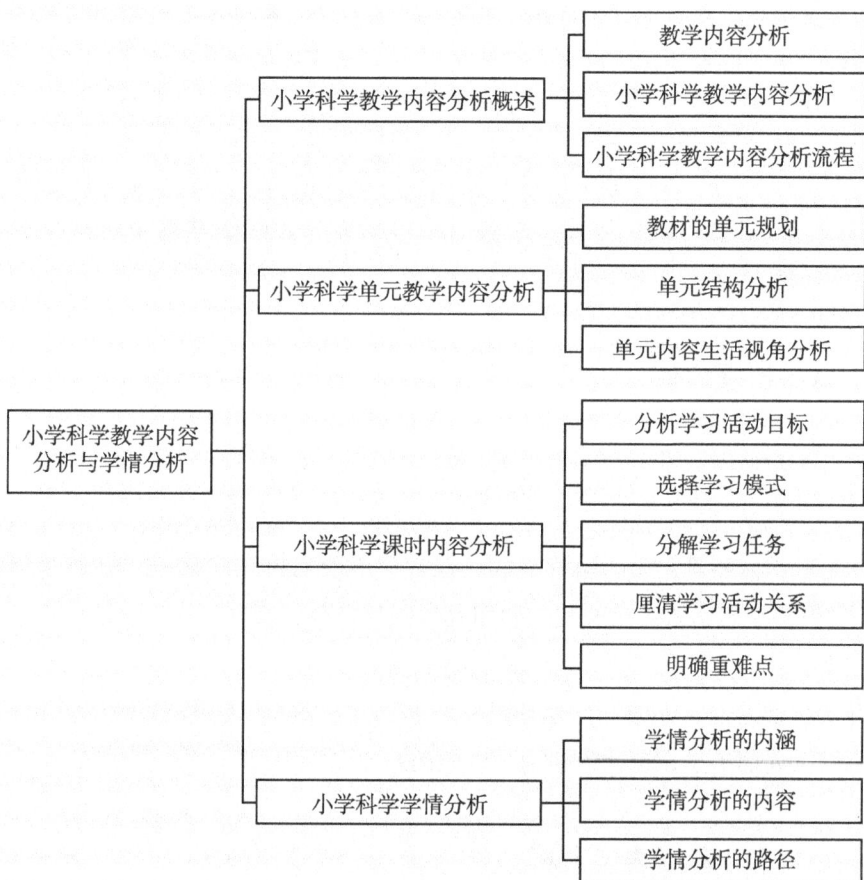

```
                                              ┌─────────────────────┐
                                              │   教学内容分析        │
                                              ├─────────────────────┤
                         ┌─小学科学教学内容分析概述─┤ 小学科学教学内容分析   │
                         │                    ├─────────────────────┤
                         │                    │ 小学科学教学内容分析流程│
                         │                    └─────────────────────┘
                         │                    ┌─────────────────────┐
                         │                    │   教材的单元规划       │
                         │                    ├─────────────────────┤
                         ├─小学科学单元教学内容分析─┤   单元结构分析        │
                         │                    ├─────────────────────┤
                         │                    │ 单元内容生活视角分析    │
 ┌──────────────┐        │                    └─────────────────────┘
 │小学科学教学内容│        │                    ┌─────────────────────┐
 │分析与学情分析  ├────────┤                    │   分析学习活动目标     │
 └──────────────┘        │                    ├─────────────────────┤
                         │                    │   选择学习模式        │
                         │                    ├─────────────────────┤
                         ├──小学科学课时内容分析──┤   分解学习任务        │
                         │                    ├─────────────────────┤
                         │                    │   厘清学习活动关系     │
                         │                    ├─────────────────────┤
                         │                    │   明确重难点          │
                         │                    └─────────────────────┘
                         │                    ┌─────────────────────┐
                         │                    │   学情分析的内涵       │
                         │                    ├─────────────────────┤
                         └──小学科学学情分析────┤   学情分析的内容       │
                                              ├─────────────────────┤
                                              │   学情分析的路径       │
                                              └─────────────────────┘
```

本章概述

　　小学科学教学内容分析和学情分析是小学科学教师进行教学设计的基础，也是小学科学教师开展教学活动的前提。本章重点介绍小学科学教材分析、单元教学内容分析、课时内容分析及学情分析等，这些内容有助于小学科学教师合理安排课时结构和教学环节，提升教学设计能力。

第一节
小学科学教学内容分析概述

教学内容分析并非全新的事物，教师在讨论如何备课时经常提到的"大纲分析""教材分析"等名词都与教学内容分析有关。小学科学教师的教学内容分析包括课程标准与教材分析、教学资料收集与整理、实验内容设计及直观教具制作等。

小学科学教学内容分析是小学科学教师教学准备的重要环节，是教师从事教学实践工作的必备技能之一。教师教学内容分析水平直接影响课堂教学质量及学生发展水平。

一、教学内容分析

小学科学教学内容分析是为了回答"学什么"及"如何学"的问题，是围绕教学目标，确定小学科学教学内容的范围和深度，揭示各部分内容之间联系的过程。

教材是教学内容最主要的呈现方式，但教材不能完整呈现某一主题的全部教学内容[1]，教师需要合理、有效地开发和利用其他课程资源。除教材外，教学内容还应该包括课程标准、课程资源、学生活动和学习经验等。

教师对教学内容的分析是指划分教材内容的层次结构，整合教学内容，分析教学内容各部门之间的关系，设计教学内容实施的顺序，等等。

二、小学科学教学内容分析

小学科学教学内容分析最终的目的是帮助小学科学教师选择或设计一种有效的方式，将教学内容传递给学生。[2] 王小明在《教学论——心理学取向》中从教学目标与教学内容关系的视角提出教学内容是储存于一定媒介中有待加工转化为教学目标的信息。媒介包括书面语言、口头语言、图片、实物、模型、视频、音频及学生的活动等；[3] 也

① 叶勤：《小学科学教学设计与案例分析》，50 页，北京，中国人民大学出版社，2021。
② 徐敬标：《小学科学教学技能》，3 页，上海，华东师范大学出版社，2010。
③ 王小明：《教学论：心理学取向》，148 页，上海，上海教育出版社，2005。

可以看作能够帮助小学科学教师实现教学目标的教学内容。上述界定突出了教学目标对小学科学教学内容分析的重要作用。

徐敬标从教学内容的特点与功能的角度提出，教学内容分析要挖掘各部分教学内容的思想性、智力性和趣味性：思想性指明确小学科学教学内容的现实意义与科学精神；智力性指把握在教学过程中可以深入开展相应智力活动的教学环节；趣味性指寻找与科学知识相关且能够体现科学奇妙、展示科学魅力的内容。①

三、小学科学教学内容分析流程

教学内容分析流程包括研读课程标准、分析教材结构以及整合或重构教学内容。

（一）研读课程标准

教学内容分析应首先研读课程标准，重点分析课程标准中的目标和内容标准。教师只有站在课程标准的高度，才能了解教材编写者的用意。

2022年4月教育部颁发了《义务教育科学课程标准（2022年版）》（以下简称2022年版课标），在课程目标、课程内容等方面都有了新的要求。课程目标制定以核心素养为统领，分为科学观念、科学思维、探究实践和态度责任四个维度。学段分目标提出了具体要求，凸显了小学科学课程的育人功能。课程内容部分包含内容要求、学业要求、教学策略建议和学习活动建议。2022年版课标增设了学业要求和教学策略建议，更有利于"教、学、评"一体化。

小学科学教师必须认真研读课程标准，准确把握课程内容要求和学业要求，合理借鉴教学策略建议和学习活动建议，从而精准把握教学内容。

例如，进行"植物"主题教学内容分析，教师需要确定课程标准中"植物"主题的内容。这个主题涉及四个核心概念：生命系统的构成层次，生物体的稳态与调节，生物与环境的相互关系，生命的延续与进化。教师除确定"植物"主题涉及的核心概念外，还要知道具体内容对应的学段，各学段的具体内容要求以及各学段之间的知识进阶层次关系如表1-1、图1-1所示。研读内容标准，厘清"植物"主题的知识结构以及各主要概念之间的逻辑关系后，教师可围绕"植物"主题设计观察、测量、调查和实验探究等学习活动的内容。

① 徐敬标：《小学科学教学技能》，7页，上海，华东师范大学出版社，2010。

6

表 1-1　2022 年版课标中"植物"主题各学段内容要求

核心概念	学习内容	内容的具体要求(学段)
5. 生命系统的构成层次	5.2 地球上存在动物、植物、微生物等不同类型的生物	①说出周围常见植物的名称及特征。(一至二年级) ②说出植物的某些共同特征;列举当地的植物资源,尤其是与人类生活密切相关的植物。(三至四年级) ③根据某些特征,对植物进行分类。(五至六年级)
	5.4 生物具有一定的结构层次	①描述植物一般由根、茎、叶、花、果实和种子构成。(三至四年级)
6. 生物体的稳态与调节	6.1 植物能制造和获取养分来维持自身的生存	①说出植物的生存和生长需要水、阳光和空气。(一至二年级) ②描述植物的生存和生长需要水、阳光、空气和适宜的温度。(三至四年级) ③描述植物的根、茎、叶、花、果实和种子具有帮助植物维持自身生存的相应功能。(三至四年级) ④知道植物可以利用阳光、空气和水分在绿色叶片中制造其生存所需的养分。(五至六年级)
7. 生物与环境的相互关系	7.1 生物能适应其生存环境	①举例说出生活在不同环境中的植物的外部形态具有不同的特点,以及这些特点对维持植物生存的作用。(三至四年级)
8. 生命的延续与进化	8.1 植物通过多种方式进行繁殖	①举例说出植物从生到死的生命过程;举例说出植物通常会经历由种子萌发成幼苗,再到开花、结出果实和种子的过程。(三至四年级) ②描述有的植物通过产生种子繁殖后代,有的植物通过根、茎、叶等繁殖后代。(三至四年级) ③列举动物帮助植物传粉或传播种子的实例。(三至四年级)
	8.5 生物体的遗传信息逐代传递,可发生改变	①描述和比较植物子代与亲代在形态特征方面的异同。(五至六年级)

(二)分析教材结构

教材结构分析通常包括三个层面:整体分析、层次分析和要点分析。

1. 整体分析

整体分析即通读全套教材,领会其全貌,厘清相关主题(或核心内容)在全套教材中的组织结构,明确其在教材中的位置和作用,分析该主题内容与教材其他相关部分的内在联系,做到从整体上梳理教材体系中的知识脉络。

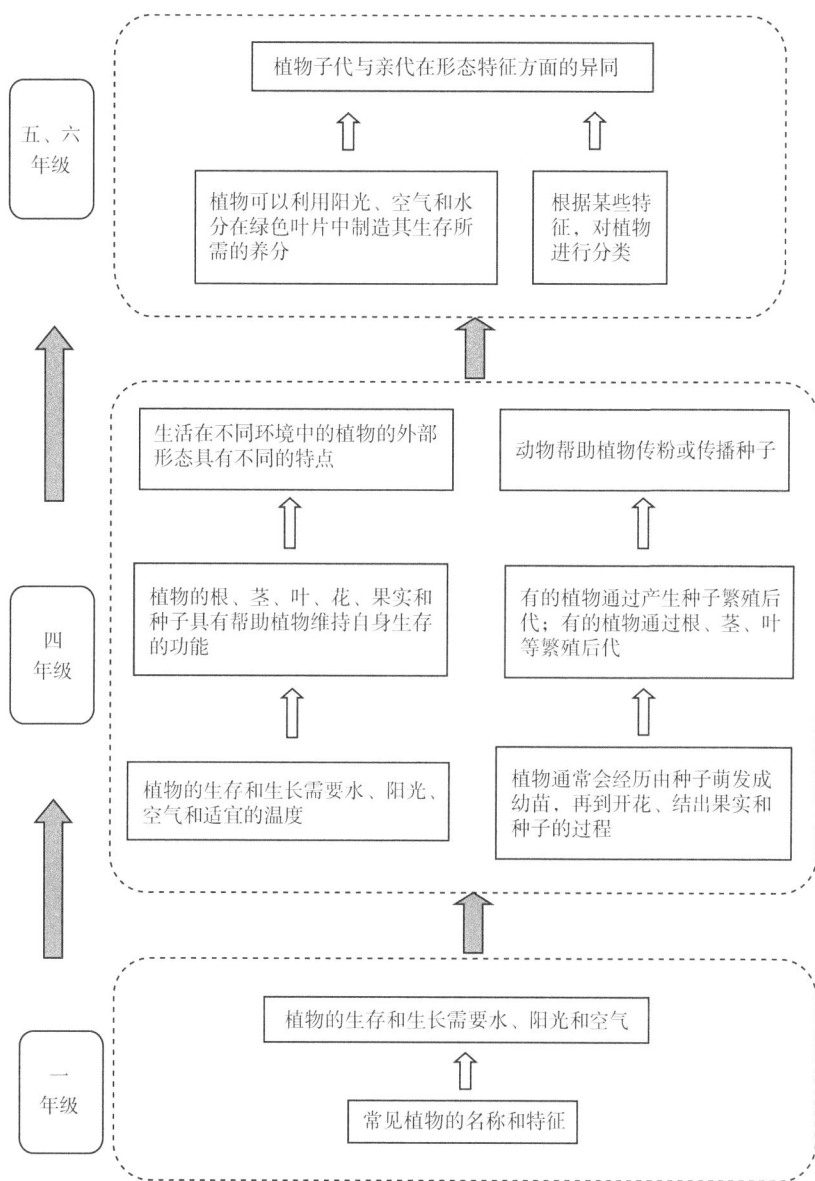

图 1-1 "植物"主题知识进阶层次关系

例如，在教科版小学科学教材中，"植物"主题涉及小学低、中、高三个学段（如表 1-2 所示）。"植物"位于小学一年级上册第一单元，是小学科学的开篇，该单元围绕"植物是生物，是'活'的，是有生命的"这个主要概念阐述植物作为生物的基本特征和生存条件。

表 1-2　教科版小学科学教材与"植物"主题相关的内容

植物(一年级上册)		植物的生长变化(四年级下册)		生物与环境(五年级下册)	
1	我们知道的植物	1	种子里孕育着新生命	1	种子发芽实验
2	观察一棵植物	2	种植凤仙花	2	比较种子发芽实验
3	观察叶	3	种子长出了根	3	绿豆芽苗的生长
4	这是谁的叶	4	茎和叶	生物的多样性(六年级下册)	
5	植物是"活"的吗	5	凤仙花开花了	3	形形色色的植物
6	校园里的植物	6	果实和种子		
		7	种子的传播		
		8	凤仙花的一生		

"植物的生长变化"位于小学四年级下册第一单元,是"植物"主题的主要内容,该单元在植物的基本特征和生存条件的基础上,以凤仙花这种常见又具有典型特征的植物为例,描述植物生长过程中种子、根、茎、叶、果实的形态和作用,最终抽象概括出绿色开花植物生长过程的共同特征。

"生物与环境"是小学五年级下册第一单元,该单元前三小节内容涉及"植物"主题,其内容建立在学生对植物的基本特征已经进行过观察和研究的基础上,让学生进一步研究植物对环境的生存需求。

"生物的多样性"是六年级下册的第二单元,只有第三小节内容涉及"植物"主题内容,是小学阶段"植物"主题的终篇。该节内容从遗传变异的视角研究植物亲代和子代的异同,引领学生进一步体会种群内生物的多样性,认识到物种多样性是构成生态系统多样性的基本单元。

2. 层次分析

教材的内容是螺旋上升、不断进阶的,这意味着相同主题的教学内容通常分散在不同学段。同一主题的内容在不同年级、不同阶段有着不同要求。

例如,植物主题中的"植物的生存条件",对一年级学生,只要求其能说出植物的生存和生长需要水、阳光和空气;对四年级学生,则要求其能描述植物的生存和生长需要水、阳光、空气和适宜的温度;对六年级学生,则要求其了解植物生存的内部机制,即植物可以利用阳光、空气和水分在绿色叶片中制造其生存所需的养分。从"说出"到"描述"再到"了解",可以体现相同主题的教学内容是逐级进阶的。

3. 要点分析

分析相关主题包含的核心知识点与进阶方式,区分知识类型,构建事实性知识和概念性知识的骨架及逻辑关系,找出方法性知识,挖掘隐藏的价值性知识,帮助学生建立结构化的知识体系，从而提升学生的知识理解与应用能力。这里以"植物"主题为例（如图 1-2 所示）。

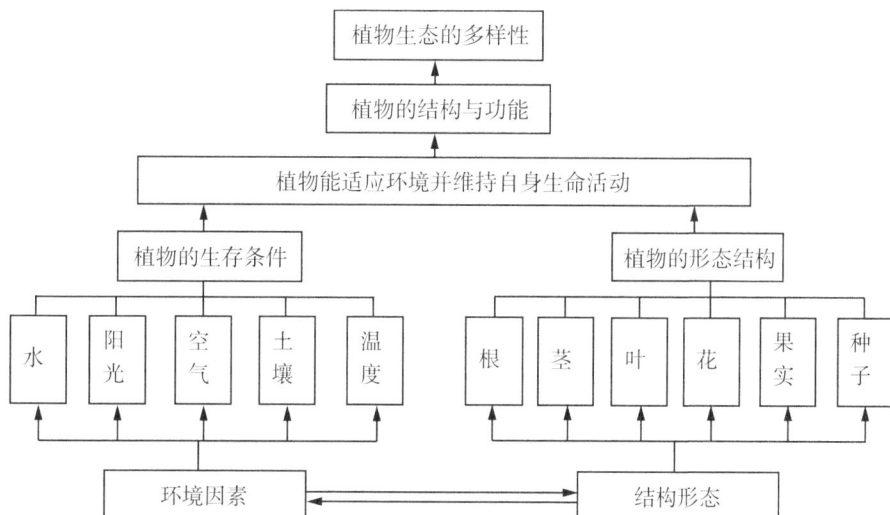

图 1-2 "植物"主题知识点

植物主题的核心知识点有：植物的形态结构、生存条件、结构与功能以及植物生态的多样性。具体知识点有：根、茎、叶、花、果实、种子，水、阳光、空气、土壤、温度等。学生通过学习水、阳光、空气、土壤、温度等具体知识理解植物能适应生存环境；通过学习根、茎、叶、花、果实、种子等具体知识理解植物能维持自身生命活动，能利用其生存环境，以及能维持自身生命活动等核心知识。这样有利于学生理解植物的结构与功能，进而认识多样的植物，为其以后学习生物的多样性奠定基础。

(三)整合或重构教学内容

叶圣陶提出，教材只能作为教课的依据，要教得好、使学生受益，教师就要对教材进行整合与运用，主要体现为激活教材资源，改变教材的呈现方式，从而把静止的画面变为动态的情境，把教材中冰冷的文字变为学生火热的思考。[①]小学科学教材内容丰富、图文并茂、题材广泛，教师要根据学校、学生的实际情况以及不同的主题、不同的教学目标，对教材内容进行替换、增减和重组。

替换指教师将适合学生认知水平的课外阅读资源或体现地方特色的资源开发成小学科学的教学内容，取代教材中相应的教学内容。以教科版小学科学三年级下册第二单元"动物的一生"为例，教材内容是研究蚕的一生，但一些小学生的兴趣不在于研究蚕，而更喜爱的昆虫。这时，教师可以将学生熟悉的动物，如蝗虫、螳螂、蝴蝶、蝉

① 余文森、黄国才、陈敬文等：《有效备课·上课·听课·评课》，31 页，福州，福建教育出版社，2008。

等作为研究主题，既能满足"动物的一生"核心教学内容的学习活动要求，又能提供开放的探究空间，增强学生探究的兴趣和能力。

增减指教师根据学生的学习需求和认知能力，对教学内容进行适当补充或删减。如果学生对所学内容较为熟悉，而且能熟练使用观察或探究方法开展一系列探究活动，教师则可以适当增加学习内容或探究任务。例如，教科版小学科学教材四年级下册第二单元第 3 节"简单电路"的核心探究内容是：①知道电路是由什么组成的；②能够组装一个电路。其中组装电路环节所需材料有电池、电池盒、小灯泡、电线、开关等，原理易懂，方法简单，操作便捷，学生能够在较短时间内完成学习任务。教师可以在剩余时间组织拓展探究活动——制作红绿灯，增加学习内容的趣味性和挑战性，提升学生的创造能力。此外，当学习内容难度较高或学生的接受能力相对薄弱时，教师可以突出核心教学内容，删减教学素材，调整探究活动。

重组指教师打破教材中的知识体系和逻辑框架，结合本地区、本校条件和学生的实际情况，重新筛选与组织教学资源和教学内容，从而满足学生的个性化学习需求。

【拓展阅读】 小学科学课程教学内容与教学方法的探讨①

生命科学是小学生了解大自然的起始，自然界的生物皆有生命。海洋中的鱼、草原上的草、校园里的花都是自然界常见的生物。小学生对大自然充满天然的好奇心，他们对此内容充满了兴趣。生命科学中的许多生物出现在小学生的日常生活中。因此，教师应通过实物展示的方式，让小学生通过观察多个维度，获取更多的科学知识。这种实物展示的直观学习机会要比多媒体教学中的图片、视频、动画等更具有真实感、直观感。

物质科学是小学科学中占比最大的内容。认识物质世界是小学生最基本的知识目标。针对物质科学的教学，教师是主导者，应引导学生用基本的观察方法来记录物体的特征、性质及状态，并通过探究学习，掌握基本测量工具的用法，分出不同类型的物体。教师在小学科学课堂上可进行以下探究实验：对生活中的常见物体进行收集；说说身边用不同材料制成的物品；观察不同液体，如牛奶、醋、糖水、油等，尝试总结它们的共同特征。

地球与宇宙知识集中在高年级阶段，学生的思维正处于由形象思维向抽象思维转化的阶段，由于地球与宇宙知识难以在课堂上呈现，在实际教学中教师需要进行大量模拟实验，遵循"能力先行，概念后置"的原则(先完成活动或实验，再对知识进行梳理总结)，关注前后知识的关联性以及教学环节设计的梯度，培养学生的想象能力、实验探究能力和创新能力。

---

① 张璐、石曙东：《小学科学课程教学内容和教学方法的探讨》，载《湖北师范大学学报(哲学社会科学版)》，2020(1)。

技术与工程科学内容是当前科学教育的重点内容，也是当代学生需要具备的基本科学素养。这部分内容需要学生积极实践，多动手动脑。在实践过程中，小学生的动手能力和处理问题能力得以提升。例如，教科版小学科学教材四年级上册第三单元第 8 节"设计制作小车"的教学就要让学生认识到工程制作中需要运用科学概念，使用技术手段，分工合作，从而解决实际问题。

【学习任务】

请按照教学主题内容分析的流程(研读课程标准—分析教材结构—整合或重构教学内容)，对教科版一至六年级科学教材中的"动物"主题进行教学内容分析，填至表1-3。

表 1-3　教学内容分析任务单

研读 2022 年版课标中与"动物"主题相关的内容标准，并整理在下方。
阅读第一至第十二册教科版小学科学教材中与"动物"主题相关的内容，分析教材结构，并在下方画出结构图。
结合小学生的年龄特征和认知水平，选取 1～2 个核心知识点，整合或重构课程内容，并整理在下方。

第二节
小学科学单元教学内容分析

单元是教学过程中相对完整的学习"段落"，是核心素养主导下大概念教学的最小单位。小学科学教师需要对单元教材内容进行合理规划，呈现知识间的联系，分析并凸显单元知识的层级结构，从生活视角剖析单元教学内容，从而有效地组织单元教学。[①]

一、教材的单元规划

单元规划是对教材内容进行分析，并划分成具有特定主题的单元系列的过程。单元规划主要包括单元划分和单元内初步规划两部分。

单元划分指将一个学习阶段(如一学期、一学年或整个学段)的教学内容划分成若干单元。单元内初步规划是对单元内的教学内容进行初步规划。[②] 单元规划可依据课程标准和教材，首先判断组成一个学习阶段的若干单元涉及 2022 年版课标中 13 个核心概念中的哪些内容，再分析这些内容的结构及能力要求，最后梳理内容标准与教材内容之间的联系。单元划分之后，教师要进行单元内初步规划，可从教学单元的主要学习任务与要求、课时的分配等方面进行思考。例如，教科版小学科学教材四年级下册第二单元"电路"的单元内初步规划如表 1-4 所示。

表 1-4　第二单元"电路"的单元内初步规划

单元编码	4.2	单元名称	电路	课时	8
所涉及的核心概念	物质的运动和相互作用——电磁相互作用				
具体内容要求	①知道电源、导线、用电器和开关是构成电路的必要元件；说明形成电路的条件，切断闭合回路是控制电流的一种方法。 ②知道有些材料是导体，容易导电；有些材料是绝缘体，不容易导电。 ③列举电的重要用途，知道雷电、高压电、家庭电路中的交流电会对人体产生伤害，知道安全用电的常识。				
课时及课时数	4.2.1 电和我们的生活(1课时) 4.2.2 点亮小灯泡(1课时) 4.2.3 简易电路(1课时) 4.2.4 电路出故障了(1课时) 4.2.5 里面是怎样连接的(1课时) 4.2.6 导体和绝缘体(1课时) 4.2.7 电路中的开关(1课时) 4.2.8 模拟安装照明电路(1课时)				
核心知识	生活中的电路，连接简单电路，电路图				
子知识	电源、导线、开关、用电器和闭合回路的功能和作用；导体和绝缘体；电的用途，生活中的安全用电常识。				

[①] 王晨光：《围绕核心概念组织小学科学单元教学设计》，载《教学与管理》，2021(6)。

[②] 上海市教育委员会教学研究室：《小学科学与技术单元教学设计指南》，15 页，北京，人民教育出版社，2018。

续表

核心素养及 能力表现	科学观念：形成关于电路的有效认知结构。 科学思维：掌握识别和连接电路的方法。 探究实践：会制订实验方案，能进行电路连接实验操作并能得出结论。 态度责任：对电路知识充满好奇心与求知欲，节约用电，保护环境。

二、单元结构分析

单元结构分析指对组成单元的各个课时之间的关系进行分析，从而掌握单元的整体结构，以便对整个单元进行系统的教学设计。[①] 布鲁纳说："不论我们选教什么学科，务必使学生理解学科的基本结构。"[②]教师只有理解教学内容的基本结构，才能有效把握教材内容，开展后续的教学活动。

在进行单元内容分析时，教师需要整体把握两个层面的要求：第一，把握本单元内容在整个教材中的地位和作用，这也就是说，小学科学教师需要了解本单元在整册教材中所扮演的角色以及与其他单元的关系；第二，把握本单元的知识结构与情境脉络。每个单元都有内在结构，确定单元各课之间关系的依据是次级主题之间的科学知识逻辑。教师在分析单元结构时，要注意各课时内容的要点以及学习活动间的内在逻辑和相互关系，分清哪些是基础，哪些是关键，前后有什么关系。[③] 绘制单元概念图是一种非常好的呈现单元结构的方式（如图 1-3 所示）。除此之外，还要理清单元各知识点间的情境脉络，从而整合分配单元教学内容和单元教学素材。

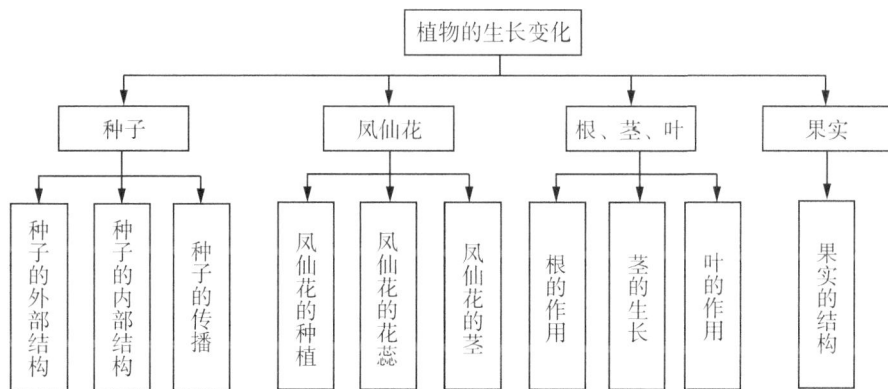

图 1-3　教科版小学科学教材四年级下册第一单元"植物的生长变化"的概念图

---

① 叶勤、张瑞芳：《小学科学教学技能训练教程》，11 页，北京，高等教育出版社，2018。
② ［美］布鲁纳：《教育过程》，邵瑞珍译，47 页，北京，文化教育出版社，1982。
③ 叶勤：《小学科学教学设计与案例分析》，51 页，北京，中国人民大学出版社，2021。

三、单元内容生活视角分析

教育家怀特海曾说："教育只有一种教材，那就是生活的一切方面。"[①]从生活中选取和重组单元教学内容更能体现科学教育的意义和价值。教师如果能依托现实生活素材，遴选出符合教学要求的现实生活案例，挖掘适合小学科学课程的内容，就会使学生深刻地理解知识的内涵，感受科学知识的价值，拉近学科知识、现实生活与学生三者之间的距离，提升小学科学教学的趣味性和实用性，增强小学生的学习兴趣。同时，小学生的学习活动经验也会因学习生活的介入而更具理性，小学生的思维能力和创造能力也会因学习内容的生活化和探究活动的多样化得到提升，从而提高单元教学的效率。[②]

【案例】第四单元"热"的内容分析（教科版小学科学教材五年级下册第四单元）

①单元内初步规划

教科版小学科学教材五年级下册第四单元"热"共7课时，主要围绕温度的变化、热传递、材料的导热性展开，知识层次和要点如表1-5所示。

表1-5　教科版小学科学教材五年级下册第四单元"热"的知识层次和要点

序号	课时名称	核心概念与下级概念		核心概念能力进阶
1	温度与水的变化	核心概念：温度、水	下级概念：沸腾、凝固、温度变化	能解释水三态转化中的温度变化
2	水的蒸发与凝结	核心概念：温度、水	下级概念：蒸发、凝结、温度变化	
3	温度不同的物体相互接触	核心概念：温度、热	下级概念：接触、热传递、温度变化	能构建温度变化与热传递的联系
4	热在金属中的传递	核心概念：热量、金属	下级概念：金属条、金属片、热传递	能对热传递的方式进行分析和推理，设计实验，寻找证据，得出结论
5	热在水中的传递	核心概念：热、水	下级概念：热量、热传递、水的流动	
6	哪个传热快	核心概念：传热	下级概念：不同材质材料的导热性	

① 华东师范大学教育系、杭州大学教育系：《现代西方资产阶级教育思想流派论著选》，116页，北京，人民教育出版社，1980。

② 吴立宝、王光明、王富英：《教材分析的几个视角》，载《教育理论与实践》，2016(23)。

序号	课时名称	核心概念与下级概念	核心概念能力进阶
7	做个保温杯	核心概念：保温 下级概念：散热、保温的方法	能利用热传递原理设计制作保温杯

②单元结构分析

本单元的概念图如图 1-4 所示。

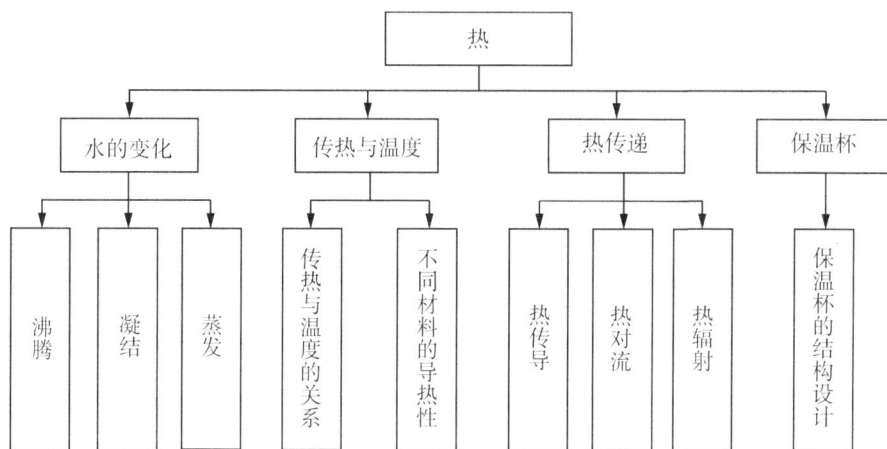

图 1-4　第四单元"热"的概念图

③单元内容生活视角分析

本单元的内容与日常生活联系紧密，基于生活视角对本单元涉及的生活素材进行整理与分析，内容如表 1-6 所示。

表 1-6　教科版小学科学教材五年级下册第四单元"热"的生活视角分析

序号	课时名称	生活中的实例
1	温度与水的变化	1. 为什么在我国北方深秋季节的清晨，树叶表面常常结霜？为什么霜会结在树叶表面？
2	水的蒸发与凝结	2. 为什么人们都喜欢在冬日有阳光时晒被子？为什么晒过的被子晚上盖起来会暖和？
3	温度不同的物体相互接触	
4	热在金属中的传递	3. 铁锅为什么要用木头做把手？
5	热在水中的传递	4. 要把一壶水烧开，为什么必须在水的下方加热？
6	哪个传热快	5. 为什么 72℃的铁和 600℃的木头摸上去的感觉是一样的？ 6. 为什么耳朵大的人更容易生冻疮？
7	做个保温杯	7. 保温杯保温的原理是什么？ 8. 制作保温杯需要哪些材料？

16

【讨论与交流】

　　单元教学内容分析的优势有哪些？

第三节
小学科学课时内容分析

> 　　优秀的教师往往会创造性地运用教材内容，对教材内容进行重构。不同的教师执教同一节课，可以有不同的思路，对课内学习活动的先后顺序也会有自己的调整。学习活动重组得是否合理，取决于教师对各个活动目标以及各活动之间关系的分析是否准确，而这正是课时内容分析的意义所在。
> 　　——叶勤、张瑞芳：《小学科学教学技能训练教程》，19页，北京，高等教育出版社，2019。

　　单元是由课时组成的，为教学提供相对宏观的结构。一个完整的单元可被分解为若干课时，环环相扣、层层递进的课时构成了单元统整下的学习任务群。课时内容的分析及实践可直接影响单元教学的效果。要想做好课时内容分析，教师应系统研究学习活动目标、学习模式、学习任务、学习活动关系以及重难点。

一、分析学习活动目标

　　对学习活动的目标进行分析是课时内容分析的重点，教师可从2022年版课标中核心素养的四个维度——科学观念、科学思维、探究实践、态度责任——进行分析。

　　在科学观念层面，小学科学教师要认真研读教材中的学习活动内容，挖掘学习活动中的科学观念目标。该目标主要表征为：掌握科学知识的本质，形成基本的科学观念。以教科版小学科学教材五年级上册第一单元第二节"光是怎样传播的"的为例，观念层级的目标就是对光波本质的认识。与声波不同，"光是怎么传播的"具有认知的真理性、精确性和系统性。

　　在科学思维层面，科学思维方法主要包括分析与综合、比较与分类、抽象与概括、归纳与演绎、联想与想象、重组思维、发散思维、突破定式等。这些基本方法内隐在学习活动中，小学科学教师需要显化学习活动内容的科学方法。当然，一节课的学习活动不可能涉及所有思维方法，教师需要在进行活动目标分析时挖掘学习活动所涉及的主要思维方法。例如，在教科版小学科学教材四年级上册第三单元第五节"运动与摩擦力"中，探索"搬运重物的过程中怎样才能减小摩擦力"的活动涉及了比较、分类、归纳的思维方法，教师需要结合学习活动，通过提问、图表等形式将方法外显，让学生知道自己在学习活动中用了哪些思维方法得出科学结论。

在探究实践层面，小学科学教师需要结合一节课的学习活动内容，分析出最适合本次活动的科学方法与探究要素，让学生掌握观察、实验、测量、推理和解释等基本的科学方法，形成科学探究的意识，理解科学探究是了解自然、获得科学知识、解决科学问题的主要途径。例如，教科版小学科学教材一年级上册第二单元第三节"用手来测量"让学生使用非标准的测量单位——手——开展测量活动。活动主要涉及观察、实验、测量、解释、交流等基本科学方法和探究要素，教师需要分析活动内容及活动步骤。

在态度责任层面，小学科学教师应将态度责任教育渗透于学习活动，培养学生保护环境、节约资源等社会责任感。例如，教科版小学科学教材五年级下册第三单元第三节"珍惜水资源"的学习活动内容非常适合态度责任教学。教师可以合理安排系列活动，如讨论水资源的问题，调查家庭用水，了解我国对水资源问题的解决措施，说说我们能够做些什么，等等，让学生意识到水资源对于人类生存的重要性以及节约资源的价值与意义。

二、选择学习模式

小学科学教材在内容选取上贴近生活，现象易见，材料易得，知识难易适当，学生能触景生趣，符合学生的年龄特点和认知规律。学习模式以任务驱动为主，提倡学生自主探究、主动建构。常用的探究模式（聚焦—探索—研讨—拓展）以展现科学探究的过程为主，充分关注"科学不只是知识体系，而是一系列融入了人类特定价值观的社会活动"[①]的理念。

例如，教科版小学科学教材五年级上册第一单元第二节"光是怎样传播的"主要通过聚焦、探索、研讨三个主题呈现活动内容：聚焦——与声音的传播相比，光的传播有什么特点；探索——猜测光是怎么传播的，并通过实验验证光是沿直线传播的；研讨——通过观察，解释光沿直线传播，利用光的传播原理，简单解释为什么我们能听到屏幕后的人说话却看不见他本人，比较光和声音的传播特点。该模式的特点是让学生体验探究的过程，从光的学习中认识到光对人类的发展具有特殊价值，从而意识到科学不只是知识体系，而是一系列融入了人类特定价值观的社会活动。

---

① 姚建欣：《新编小学科学教材的特点分析与后续册次修订建议》，载《课程·教材·教法》，2018(11)。

三、分解学习任务

小学科学教师需要对教材文字、图表等呈现形式进行分析，提取学生学习活动的要素，将教材中的学习活动转化为教学中的学习任务，主要有以下三种。

图片型任务：拍照和画画，可以呈现真实的自然现象、学生的日常生活场景，也包括实物图、实验仪器及装置图等。

文字型任务：实验报告、观察日志、访谈记录和读书笔记等。

口头表达型任务：交流与讨论，分享与反思，也包括人物对话表演、研究汇报等。比如，分小组或全班同学交流研讨光的传播现象、原理及特点。

学习任务实训：以表1-7为例，根据学习活动的要素，选一个自己感兴趣的核心概念，提取任务类型，进行学习任务分析。

表1-7 "光是怎样传播的"学习任务分析

学生活动要素	布置任务类型
聚焦——与声音的传播相比，光的传播有什么特点。	拍摄光沿直线传播的图片，或者画出光在同一种物质中沿直线传播的示意图。
探索——猜测光是怎么传播的，并通过实验验证光是沿直线传播的。	做好实验记录，撰写实验报告，制作实验表格。
研讨——通过观察，解释光沿直线传播，利用光的传播原理，简单解释为什么我们能听到屏幕后的人说话却看不见他本人，比较光和声音的传播特点。	交流与讨论，分享与反思。组内讨论，组间交流，最后小组汇报。

四、厘清学习活动关系

学习活动关系分析是课时教学内容分析的必要步骤。小学科学教材有些课时的内容不是只有一个学习活动，而是由系列活动组成。各活动之间有的是并列关系，有的是递进关系。要想厘清这些活动的关系，小学科学教师应首先厘清知识的逻辑关系，其次应厘清学生的认知规律。

例如，教科版小学科学教材五年级下册第三单元第四节"解决垃圾问题"包含四个学习活动：我们为什么要重视垃圾问题，家庭生活垃圾统计，了解解决垃圾问题的方法，对于垃圾问题我们还能做什么。第一个活动从垃圾的源头、种类、质量、最终去向等几个方面来探讨"重视垃圾问题"；第二个活动通过估算家庭、班级、学校、城市一天产生的生活垃圾量来真实感受"垃圾存在的严重性"；第三个活动通过国际通用的减量化、资源化、无害化的方法来解决垃圾问题；第四个活动让学生认识到可以通过避免食物浪费、不买不必要的衣服等具体做法来减少垃圾的产生。

显然，四个活动之间隐藏着学生认识事物的逻辑线：为什么(为什么要重视垃圾问题)—是什么(了解解决垃圾问题的方法)—怎么办(国际通用的处理垃圾的方法以及自己减少垃圾的方法)。教师在进行学习活动分析时，必须要厘清学习活动的层级关系，这有助于教师对学习内容的整体把握和系统化处理。

五、明确重难点

确定教学重难点是教学内容分析的关键，是小学科学教师需要掌握的基本教学能力。如果教师在分析教学内容时不能抓住教学重点、突破教学难点，就无法保证学生在课堂上能真正理解所学知识，实现教学目标。[1]

教学重点通常指一节课的核心概念，即处在学科知识系统中的重要位置，对后续知识的学习和理解会产生重要影响的知识。小学科学教师一般先制定教学目标，再分析学习活动的内容结构和层次，最后明确教学重点。例如，教科版小学科学教材二年级上册第一单元第二节"土壤——动植物的乐园"只有一个学习活动"记录生活在一块土壤里的动植物"，教学重点是该活动的核心概念，即"植物生活在土壤表面，动物生活在土壤表面和土壤里"。六年级上册第四单元第四节"电和磁"由两个学习活动组成——"用通电导线靠近指南针，观察导线是否会产生磁场""用通电线圈靠近指南针，重演奥斯特实验"，两个活动均指向核心概念"通电载体产生磁"，因此，该节课的教学重点是"电可以转换成磁"。

教学难点指学生不易理解的知识，或者不易掌握的技能。教学难点是相对于学生的理解力而言的，不同学生的理解能力不同，因而教学难点是一个相对的概念，可以因人而异。对某些学生而言是难点的知识，对其他学生而言则未必是难点。[2] 小学科学教师要确定教学难点，就要依据学情，找到学生易遇到学习障碍、出现错误的概念。例如，教科版小学科学教材四年级上册第一单元第三节"声音是怎么传播的"，该节内容涉及"波的传播"，波很抽象，大部分学生很难理解物体通过振动发出声音，振动又带动周围空气振动，从而产生声波，因此，"理解声音是以波的形式传播"可以被确定为该节的教学难点。又如，教科版小学科学教材五年级上册第一单元第六节"光的反射现象"，关于反射光线，大部分学生存在错误的前概念，认为人能看到物体是因为人眼会发光，不能很好地理解光的漫反射。这些错误的认知导致学生学习光反射存在困难，

---

① 江新华：《中小学课堂教学重难点问题探究》，载《教学与管理》，2005(12)。
② 江新华：《中小学课堂教学重难点问题探究》，载《教学与管理》，2005(12)。

因此，该节课的教学难点可以确定为"理解并解释生活中有关光的反射现象"。

第四节
小学科学学情分析

> 教育学家奥苏伯尔说："如果我不得不把全部教育心理学还原为一句原理的话，我将会说，影响学生的最重要因素是了解学生已经知道了什么，根据学生原有的知识状况进行教学。"奥苏伯尔的观点表明学情分析的重要性，教师只有了解学生原有的知识状况和学习能力，了解学生的兴趣和愿望，把教学定位在最近发展区，将教材与学生的生活经验和情感体验结合起来，才能使教学充满生活气息和生命活力。
> ——余文森、黄国才、陈敬文等：《有效备课·上课·听课·评课》，35 页，福州，福建教育出版社，2008。

2022 年版课标强调教师要从学生的角度来设计和开展教学，并做好学情分析。学情分析是我国本土化的话语，正所谓"研学情，知之准，识之深，教在点，才高效"[1]，其目的是以学定教，主要包括对学生的认知基础、学习能力及学习态度等进行了解和分析。通过学情分析，教师可以全面了解学生，为取舍教学内容、选择教学方法以及确定教学起点打下坚实的基础。[2]

一、学情分析的内涵

学情的概念最早见于 20 世纪 80 年代黎世法的"最优中学教学方式实验法"[3]。他在实践中总结出学生认识世界、感受知识及提升认知水平的过程就是学情。后来赵振旗从学生学习的视角对学情进行了界定，他认为学情主要指学生的知识基础、学习方法、心理状态、理解能力和学习兴趣等。[4]

国内有大量学者对学情分析进行了研究，但学情具体包含哪些内容，还没有一个明确的说法和一致的界定。安桂清从教学过程的角度进行探讨，认为仅研究课前的学情是不够的，还要关注课中和课后的学情考察；应构建一个贯穿课前、课中、课后的

---

① 高友润：《学情分析不止在学"前"》，载《人民教育》，2020(Z3)。
② 马文杰、鲍建生：《"学情分析"：功能、内容和方法》，载《教育科学研究》，2013(9)。
③ 黎世法：《"最优中学教学方式实验法"理论体系梗概》，载《武汉师范学院学报(哲学社会科学版)》，1984(S1)。
④ 赵振旗：《应加强对学情的研究》，载《山东教育科研》，1988(2)。

动态学情分析系统，才能以学情引领教学。[①] 刘岗和田静从学情的价值意蕴的视角对学情分析的内涵进行了探讨，提出"学情分析是教师为了有效指导学生学习而开展的对学生学习情况的诊断、评估与分析"[②]。马思腾和褚宏启从学生核心素养发展的视角将学情分析界定为"通过对学生认知基础、能力水平、态度倾向等维度的分析与研究，设计和改进教学过程，以适应不同学生学习需求的过程"[③]。

以上界定都将学情分析视作教学的关键性要素，认为其具有以学定教、因学施教、依学评教和由学研教的价值意蕴，并提出学情分析应服务于学生的核心素养发展需求。

二、学情分析的内容

学情分析的内容有很多，理论上可以囊括一切与学习者相关的变量和因素。但在实际教学中，学情多限定为学生学习方面的情况，是对教学效果产生重大影响的学生信息。[④] 学情分析主要从学生的起点状态和潜在状态两个层面，从认知基础、学习能力和学习态度三个维度进行。[⑤]

(一)认知基础分析

小学科学教师进行学情分析时，首先要了解学生的认知基础，即学生已有的知识积累和生活经验。学生从学校、课外读物、父母讲解、自身体悟中获得不同程度的知识积累，在进行学习活动时，这些知识积累会影响他们对新知识的学习。[⑥]

一方面，学生已具备的知识和技能可以支持他们开展新的探究活动。例如，教科版小学科学教材四年级上册第三单元第七节"比较不同的土壤"，在学习新知识之前，学生具备土壤的物质组成、土壤对于生命的意义等相关知识，具备种植花草的技能，但不知道不同类型土壤成分的差异，在此基础上，教师可以设计关于不同类型土壤对植物生长的不同影响的活动。

另一方面，学生的生活经验能够帮助其开展学习活动。学生生活在真实的世界里，每天会接触各种各样的事物，拥有一定的生活经验，这些生活经验对新知识的习得也能产生重要影响。例如，乡村学生熟悉小麦的生长过程，以此类推，他们就很容易理解凤仙花的生长过程。总之，在进行教学设计时，教师应关注并充分利用学生的生活

---

① 安桂清：《论学情分析与教学过程的整合》，载《当代教育科学》，2013(22)。
② 刘岗、田静：《学情分析的价值意蕴、实践困境与改进路径》，载《教学与管理》，2020(27)。
③ 马思腾、褚宏启：《基于学生核心素养发展的学情分析》，载《现代教育管理》，2019(5)。
④ 谢晨、胡惠闵：《学情分析中"学情"的理解》，载《全球教育展望》，2015(2)。
⑤ 钱军先：《学情分析：有效教学的核心和关键》，载《教育研究与评论(中学教育教学)》，2009(8)。
⑥ 叶勤：《小学科学教学设计与案例分析》，54 页，北京，中国人民大学出版社，2021。

经验，促进学生对教学内容的理解和建构。

(二)学习能力分析

学习能力是指个体从事学习活动所需要具备的心理特征，是顺利完成学习活动的各种能力的组合，包括观察能力、注意能力、阅读能力、记忆能力、思维能力等。[①] 小学科学教师在分析学情时，要关注学生学习能力的起始水平。

思维能力是智力的核心，它参与、支配一切智力活动。低年级小学生的思维还处在智力发展的初级阶段，还不能从多个维度考虑问题。其思维具有绝对化、片面性和主观性的特点。例如，低年级学生在观察蜗牛的过程中，经常会说蜗牛缩进壳里是因为怕冷、怕见人[②]；人喝水时水是吸到嘴里的；夏天热是因为地球离太阳近；轻的物体在水里会浮起来；等等。小学生缺乏科学知识，思维能力尤其是抽象思维能力偏弱，导致其解决问题的能力不强，无法高质量地完成学习任务。这就要求教师在课前了解学生的思维能力水平，把抽象的事物具象化，复杂的问题简单化，高难度的实验操作简化为安全可靠、操作性强的实验，把握学生学习的最近发展区，使教学内容和教学要求适合学生的能力水平。[③]

观察是学生通过眼睛、耳朵等感觉器官接收信息的一种活动。生物学家巴甫洛夫的名言"观察，观察，再观察"就足以说明勤于观察对于学生认知发展的重要性。低年级学生观察事物时往往杂乱无章，观察的点常常是对自己有吸引力的方面，不能持续很长时间，观察的结果也不够全面、准确。例如，面对一瓶可乐，观察能力强的学生会看一看、闻一闻、尝一尝，甚至用手感觉一下，由此延伸出"气体是怎么跑到汽水里面的"等疑问；而观察能力弱的学生发现这是一杯褐色的、有气泡的饮料后，就直接喝进去，还没来得及细细品味，杯子就空了。对于小学生在观察方面的弱点和不足，教师需要在做学情分析时给予注意，引导学生有目的、有顺序、全面地开展观察。

注意力指学生心理活动指向和集中于某种事物的能力。小学生的注意力特别容易分散，且保持注意的时间很短，无意注意在学习活动中占有重要位置。因此，教师在做学情分析时要充分考虑小学生的注意能力，要用一定的手段引起和转移学生的注意力。

(三)学习态度分析

学习态度指学生对科学学习或科学课程所持有的较为持久的肯定或否定的行为倾

---

① 杨治良、郝兴昌：《心理学辞典》，上海，上海辞书出版社，2016。
② 曾宝俊、王天锋：《小学科学教师入门十课》，12页，北京，化学工业出版社，2019。
③ 钱军先：《学情分析：有效教学的核心和关键》，载《教育研究与评论(中学教育教学)》，2009(8)。

向，其中情感体验是核心。学习兴趣指学生对于学习活动所表现出来的被吸引、喜欢、愉悦等积极的认识倾向与情绪状态。学习兴趣是学习活动的重要动力，也是进一步提高学生知识水平的保障。① 杜威曾说："以兴趣为基础的学习结果与仅仅以努力为基础的学习结果有着质的不同。"②因此，小学科学教师在做学情分析时，必须高度关注学生的学习兴趣，要通过多种途径了解学生的学习兴趣，分析哪些内容会引发学生的兴趣。例如，低年级学生会对户外动植物观察活动感兴趣，高年级学生则对事物的原理探究、高科技产品更感兴趣。只有考虑到学生的学习兴趣这一情感因素，教师才能合理选择教学内容、教学方式、教学素材等，从而更好地为学生发展提供帮助。

三、学情分析的路径

教师通过学情分析，要找到学生的认知、能力和态度的起点，并结合教学目标，找到当前状态和预期目标之间的距离，采取更有效的方法开展教学活动。科学有效的学情分析通常有三条路径。

(一)通过书面信息获取学生情况

学情可以通过书面信息获得。书面信息包括学生档案、练习本、作业本、班级日记、活动记录本、试卷等，既有文字，也有图画。通过书面信息，教师可以系统地了解学生的学习、生活、思维、个性等方面的基本情况。例如，教师通过对学生作业中错题的分析，获得学生的认知水平、思维障碍及学习习惯等重要信息，了解学生的已有知识储备和学习习惯，为提升学生的课堂学习效果采取更加精准的措施。

(二)通过谈话把握学生差异

在课堂教学中，师生谈话也可以呈现大量的学情信息。通过课前提问，教师能了解学生已有的知识储备、学习经验以及具有的学习态度。通过课上对话，教师可以及时关注学生的思维能力、注意能力和观察能力的差异；通过课后访谈，教师能判断学生的学习效果、兴趣及需求等。谈话有助于小学科学教师把握并依据学生的差异推进深度学习。

(三)通过课堂观察感知学生态度

学情还可以通过课堂观察来获得。小学课堂复杂多变，小学科学教师需要敏锐的

① 胡金木、赵林卓：《学习兴趣的发展阶段、影响因素与激发路径》，载《课程·教材·教法》，2021(11)。
② ［美］约翰·杜威：《教育中的兴趣及努力》，90～96页，北京，中国传媒大学出版社，2018。

洞察力和判断力，通过观察学生的表情、言语和行为来感知学生的学习状态。[1] 例如，在学习活动中，教师发现有些学生饶有兴趣，有些学生漠不关心，有些学生有三分钟热度，由此可以判断学生的学习态度。教师还可采取观看课堂教学录像的方法观察学生的课堂表现，及时发现问题，调整教学策略。

本章小结

在小学科学教学设计中，教师常常注重课时分析，而忽视研读课程标准、分析单元教学内容以及分析学情。随着2022年版课标的颁布，核心素养的理念不断深化，在小学科学的课程中，培养小学生的核心素养已经成为基本共识。本章内容主要从教学设计的第一环节——教学内容分析和学情分析出发，结合小学科学学科及小学生群体的特点，详细介绍教学内容分析的流程；同时结合当前培养核心素养的需要，对小学科学单元教学内容进行分析，流程分为教材的单元规划、单元结构分析和单元内容生活视角分析，并提供了单元教学内容分析案例。本章节还重点介绍了课时分析和学情分析，虽然单元教学内容分析能够呈现知识的整体结构，便于学生形成科学大概念，但课时分析也是直接影响课堂质量的重要因素。本章系统性地梳理了课时分析及学情分析的路径，目的是进一步指导教师进行小学科学教学设计，提高教师教学内容分析和学情分析的能力。

思政内容

本章涉及的思政教育内容包括教师挖掘教学内容的史学价值，了解科学家的故事及研究方法，学习科学家的精神；在学情分析时关注学生的态度，尊重学生，保护学生的求知欲。这有助于思政内容在小学科学教学中的渗透与融合，有助于提高小学生的社会责任感。

章后练习

1. 如何进行小学科学单元教学内容分析？

2. 小学科学教师如何进行单元教学结构设计？

3. 小学科学学情分析的路径有哪些？

4. 请选择小学科学教材中的一节课，按照本章中的教材内容分析框架，对其进行课时教学内容分析。

---

[1] 俞宏毓：《学情分析存在的问题与有效方法》，载《现代中小学教育》，2016(12)。

延伸阅读

[1]叶勤. 小学科学教学设计与案例分析[M]. 北京：中国人民大学出版社，2021.

[2]徐敬标. 小学科学教学技能[M]. 上海：华东师范大学出版社，2010.

[3]王小明. 教学论：心理学取向[M]. 上海：上海教育出版社，2005.

[4]余文森、黄国才、陈敬文，等. 有效备课·上课·听课·评课[M]. 福州：福建教育出版社，2008.

[5]姚建欣. 新编小学科学教材的特点分析与后续册次修订建议[J]. 课程·教材·教法，2018(11)：128-133.

[6]刘岗，田静. 学情分析的价值意蕴、实践困境与改进路径[J]. 教学与管理，2020(27)：18-21.

第二章

小学科学教学目标设计

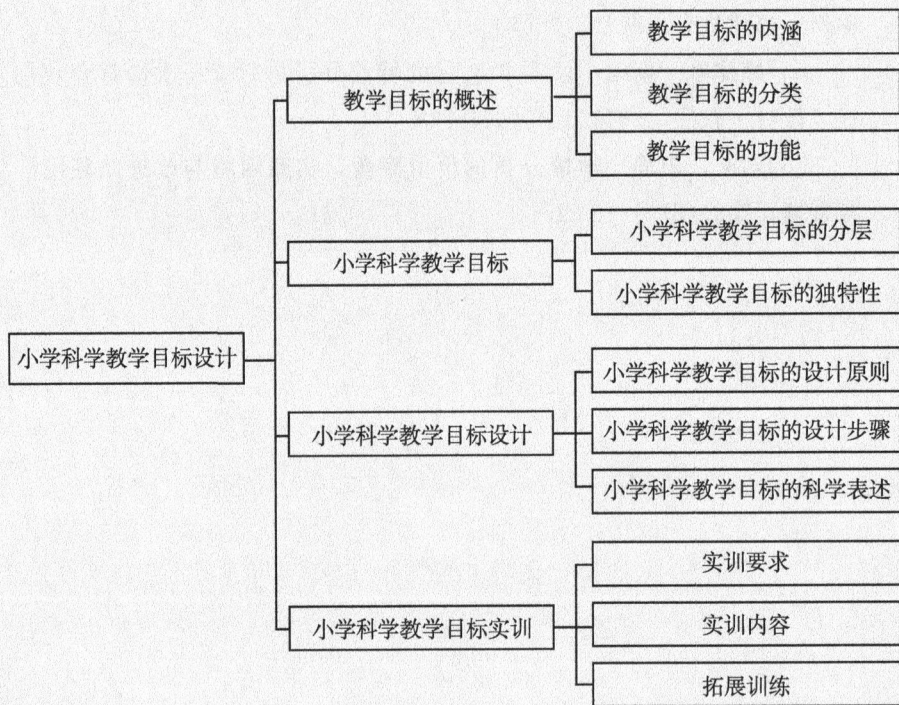

```
                                              ┌─ 教学目标的内涵
                         ┌─ 教学目标的概述 ──┼─ 教学目标的分类
                         │                    └─ 教学目标的功能
                         │
                         │                    ┌─ 小学科学教学目标的分层
                         ├─ 小学科学教学目标 ─┤
                         │                    └─ 小学科学教学目标的独特性
小学科学教学目标设计 ────┤
                         │                      ┌─ 小学科学教学目标的设计原则
                         ├─ 小学科学教学目标设计 ┼─ 小学科学教学目标的设计步骤
                         │                      └─ 小学科学教学目标的科学表述
                         │
                         │                      ┌─ 实训要求
                         └─ 小学科学教学目标实训 ┼─ 实训内容
                                                └─ 拓展训练
```

本章概述

教学目标是所有教学活动的出发点和归宿，指引教学过程的方向。在小学科学教学设计中，教师需要根据 2022 年版课标中的课程目标和教学内容来确定详细的教学目标。本章重点介绍教学目标的内涵、分类及功能，小学科学教学目标的分层与独特性，以及设计原则、步骤和科学表述，进而提高小学科学教师制定教学目标的能力。

第一节
教学目标的概述

> 　　对于教学目标，几乎每一个接受过师范教育的教师都非常熟悉，因为它是教学设计的必经之路。在您无数次地翻教材、写教案时，它都是第一个被写下的。不过，也许正是在这无数次的重复当中，它慢慢地变成了一个不需要思考的"条件反射"，成了可以跳过的摆设。教学目标究竟在教学中发挥了怎样的作用，教学目标中预设目标与生成目标的关系该如何处理，值得探讨。
>
> 　　有一种耗散结构理论说，初始细小的变化能在以后产生极大的差别。这种"变化"与"差别"之间的关系往往还不会以简单的线性相关的方式出现。因此，人们在寻求原因的时候常会感到扑朔迷离。其实教学目标就是这样一个行为起点。一堂课的成功或失败，在很大程度上取决于教学目标是否合理。
>
> 　　——崔允漷：《教学目标——不该被遗忘的教学起点》，载《人民教育》，2004(13-14)。

　　正如布卢姆所说："有效的教学始于准确地知道期望达到的目标"。[1] 教学目标是教学活动的主线和灵魂[2]，贯穿教学活动，支配着教学的全过程，并规定教与学的方向。同时，教学目标对于教学设计起着纲举目张的作用，凝聚了教师的教学思想、经验和智慧。因此，教师在进行教学设计时，第一，必须弄清楚自己"为什么教"，并让学生明白"应学到什么"；第二，能够准确分析与阐述教学目标，最重要的是明确教学目标的内涵、分类和功能。

一、教学目标的内涵

　　国内外学者对教学目标内涵和外延的界定差异比较大，但对教学目标实质的看法比较一致：一是认为教学目标的行为主体为学生，而非教师；二是认为教学目标的内容主体为学习结果，而非学习过程。[3] 教育界普遍认为，教学目标是教师期望的经过教

---

① 李朝辉：《教学论》，23 页，北京，清华大学出版社，2016。

② 张涛："好课"的教学目标功能定位及预设要求》，载《教学与管理》，2016(16)。

③ 李朝辉：《教学论》，24 页，北京，清华大学出版社，2010。

学活动所实现的学生身心的具体变化。[①] 要准确把握教学目标的内涵，就要明确教学目标与教育目的、教育目标、培养目标、课程目标之间的层级关系。

教育目的概括性地反映国家对各级各类教育培养人才质量的总设想，具有抽象性、笼统性和主观性的特点。例如，小学阶段的教育目的是小学生在德智体美劳等方面和谐发展，为他们将来成为国家合格建设者和可靠接班人奠定良好基础。

教育目标是教育目的在各级各类教育中的具体化。按照具体化的程度，教学目标可由低到高分成三个层级：培养目标、课程目标和教学目标。培养目标在我国往往也被称为"办学宗旨"，指各级各类学校依据国家教育目的提出的具体人才培养标准。课程目标是培养目标在各课程领域的具体化。例如，小学科学课程目标为学生在学习科学课程的过程中，逐步形成适应个人终身发展和社会发展的正确价值观、必备品格和关键能力，是科学课程育人价值的集中体现，包括科学观念、科学思维、探究实践、态度责任等方面。

教学目标是课程目标在一个单元或一节课中的具体化，是最具体和最具可操作性的教育目标。它也是一种策略，可以由教师根据需要加以调整、变更，具有较大的灵活性。教师可以通过预估学生在知识、能力、态度等方面的发展变化来界定教学目标。[②]

二、教学目标的分类

心理学家布卢姆将教育目标分为认知、动作技能和情感三个领域，其作用是为教师预设课堂教学目标、为教育评价提供基本框架。另一位心理学家加涅对教学目标的分类也有一定代表性。加涅认为学习的结果，或者教学活动所追求的目标，就是形成学生的五种能力：言语信息、智慧技能、认知策略、动作技能和态度。[③]

言语信息指能用语言表达的知识，又分为三个小类：①符号记忆，如力的单位是牛，重力加速度为"g"；②事实性知识，如知道"土壤是地球家园里的重要资源"；③有组织的整体知识，如能说出开花植物的生长阶段。

智慧技能，主要指运用概念和规则办事的能力，又分五个小类：①辨别——区分事物差异的能力，如能区分磁铁的两极；②具体概念——识别同类事物的能力，如能识别铁、铝等金属；③定义性概念——运用概念定义对事物分类的能力，如速度的概念是通过下定义习得的，即速度等于单位时间走的距离；④规则——原理或定律指导

---

① 张爱珠：《教学目标的内涵理解和文字表述上的误区及修正：来自第一批小学新课改试验区的反思》，载《辽宁教育研究》，2006(7)。

② 陈刚：《试论物理课堂教学目标的内涵与陈述(一)》，载《物理教学》，2016(1)。

③ 李秉德：《教学论》，55页，北京，人民教育出版社，1991。

学生的行为，当学生按原理或定律办事时，原理或定律变成了规则，如应用杠杆上的支点、阻力点和动力点三个重要位置的距离判断哪些工具是省力杠杆，哪些是费力杠杆；⑤高级规则——由若干简单规则组合而成的新规则，如想知道放大镜和显微镜的工作原理，就要熟知光成像原理。

认知策略，也叫策略性知识，在学生的认知过程中起着监控自己的思维、记忆的作用。学生若正确使用一些认知策略，则能提高其学习、记忆或认知效率，可使学习事半功倍。① 例如，学生在观察时，先看事物的整体再看局部以及关注细节变化的技巧能够帮助其有效地发现问题。除此以外，比较、分类、归纳和演绎等思维方法的掌握也属于策略性知识。

动作技能，指学生有意识地利用身体动作完成任务的能力。其本质就是根据一套预定的规则支配人的身体协调活动。② 动作技能包括感知能力、体力、技能动作和有益交流。感知能力包括视觉、听觉和触觉等，如观察并画一株植物。体力包括动作的灵活性、敏捷性及耐性，如饲养一只小动物。技能动作指熟练完成复杂动作的能力，如做探究实验，正确使用酒精灯，能用天平测量物体的质量，制图画表等。有益交流指传递情感的体态动作，如活动交流时的表情、手势和眼神等。

态度是通过学习形成的影响个体行为选择的内部状态。它包括三种类型：第一类是期望达到的教育目标，如希望小学生和善待人，为他人着想，形成尊重证据、尊重他人劳动成果、关注科学相关社会问题的态度等；第二类是对某类活动的积极偏爱，如爱科学、爱实验、爱探究、爱阅读；第三类是有关公民身份的态度，如爱国精神、科学家精神、民族自豪感等。

加涅提出的五种能力的前三种属于认知领域的能力。不同的能力，学生的外部表现也不同，如果学生能"说"，则表明具有言语信息能力；如果能"做"，则表明掌握动作技能；若相关技能用于对内部思维过程的调节与控制，则表明习得了认知策略；若技能用于思维以外的学习活动，则表明掌握了智慧技能。③

加涅根据学习结果的不同表现将学习结果划分为不同层次，代表不同种类的认知能力。该分类方法与布卢姆的教育目标分类有异曲同工之处。此外，加涅还强调学习结果与教学条件的适配，进一步关注学生有效学习的环境建构和所需要的教学策略。④

---

① 吉菁、韩向明：《加涅学习结果分类理论对确定课堂教学目标的启示》，载《教育理论与实践》，2002(S1)。
② 吉菁、韩向明：《加涅学习结果分类理论对确定课堂教学目标的启示》，载《教育理论与实践》，2002(S1)。
③ 陈刚：《物理教学设计》，20页，上海，华东师范大学出版社，2009。
④ 闫艳：《课堂教学目标研究》，10页，长春，东北师范大学出版社，2013。

三、教学目标的功能

"凡事预则立，不预则废"说明了目标定位的重要作用；"差之毫厘，失之千里"说明了目标对活动的结果产生的巨大影响。以上道理同样适用于教学领域，我国许多教学专家都非常重视教学目标的制定，认为目标应该具有"导向、激励和测评"[①]的功能。

(一)导向功能

教学目标的导向功能体现在三个方面。一是指导教的方向。教师根据教学目标开展教学活动，科学合理的教学目标能指导教师有效开展教学工作，避免盲目地教，提升教学效率。二是指明学的方向。明确的学习目标能调动学生学习的主动性和积极性，使学生形成持久的动力。三是指明学习结果的测量与评价方向。测量与评价帮助教师判定教学目标是否达成，促使学生审视自己的学习过程，查漏补缺，为以后的学习打好基础。[②]

例如，教科版小学科学教材三年级上册第一单元第一节"水到哪里去了"的教学目标为：①理解蒸发的概念，能举例说明蒸发在生活和生产中的应用；②通过探究液态水经过蒸发变成气态的水蒸气并带走一定热量的学习活动，分析水变成水蒸气的原理。该教学目标的制定使教师明确教学活动的目的以及教学活动实施的过程和结果，使学生明确自己通过学习活动所要习得的内容和要完成的任务。

(二)激励功能

教学目标的激励功能指让学生感受到学习活动的价值，激发学习兴趣和动机。换句话说，当学生产生达到目标的强烈愿望，学生就会自觉、积极、持久地投入学习活动。教师通过制定教学目标有效激发学生的学习动机，一要使目标符合学生的学习需求；二要高低适宜、难易适度，即制定以学生现有水平可以承受又具有一定的挑战性，学生经过一番努力可以实现的目标。

例如，教科版小学科学教材六年级上册第二章第六节"地球的公转与四季变化"的教学目标为：①知道四季的形成与地球的公转、地轴的倾斜有关，在"立杆测影"实验中发现地球仪上杆影的长度变化，从而分析四季形成的原因；②从杆影变化的原因推测出四季的形成与地轴倾斜有关；③意识到对科学现象的解释需要得到证据的支持，

① 皮连生：《教学设计(第2版)》，81~82页，北京，高等教育出版社，2009。
② 李朝辉：《教学论(第2版)》，25页，北京，清华大学出版社，2016。

同时在活动中形成小组合作精神。[①] 学生通过以往生活经验已经知道四季的形成与地球公转有关，但对于到底为何会形成四季，以及用什么方法进行推测，学生还没有清晰明确的认知。教师通过教学目标明确学习任务，增强学生的探究欲望和学习动机。

(三)测评功能

教学目标作为预先规定的学习结果，是测量与评价教学活动有效性的重要尺度。其具有较强的可操作性和灵活性，能够从知识、技能等维度获知学生具体的变化。如果仅凭课堂气氛、学生思维活跃度和活动参与度等表现指标来评价课堂质量，则无法做到科学与准确。当教师从教学目标的角度对多个维度进行评价时，则能够获得更加准确的信息。

例如，教科版小学科学教材一年级下册第二章第五节"观察鱼"的教学目标为：①了解鱼类有适应水生环境的鱼鳃、鱼鳍和鱼鳞等身体结构，具有呼吸、运动等生命体征，知道鱼用鳍运动、用鳃呼吸；②通过观察鱼的生活习性，能用图画、文字、语言等方式记录、描述鱼的主要特点。教师确定了一节课的教学目标，也就确定了学生学习一节课的起点和终点。通过"观察鱼"这节课的学习，如果学生能够描绘出鱼的身体结构，能解释鱼用鳍运动、用鳃呼吸，教师就可以判断学生掌握了鱼的主要特征。

第二节
小学科学教学目标

心理学有一个 10 千米旅程实验：让两组人分别向 10 千米以外的两个村子进发，第一组只被告知村庄的名字，没被告知路程，他们跟着向导走，在行走过程中，走得越远，他们的情绪就越焦躁，心中想何时走到头，甚至有人放弃；另一组人不仅知道村庄的名字而且知道路程，每走 1 千米便可见到一块里程碑，标志着路程又缩短 1 千米，大家在欢声笑语中很快到达目的地。心理学家由此得出结论：当人们有了明确目标，并能把自己的行动与目标进行对照，清楚地了解自己的行进速度以及与目标之间的差距，人们的行动动机就会得到保持甚至加强，进而克服困难、达到目标。这段话说明了目标的重要意义和价值。

① 袁优红：《小学科学有效性教学策略探究：上学生喜欢的科学课》，101 页，杭州，浙江大学出版社，2013。

同理，在小学科学教学中，制定合理的教学目标，帮助小学生及时评价自己的行为以及与目标之间的差距，能有效激发小学生的学习动机，提升小学科学的教学效率。

小学科学教学目标是对小学科学教学如何使学生产生知识、能力和态度变化的明确表述，是学生学习科学期待得到的学习结果。因此，小学科学教师制定合理且可行的教学目标十分重要。

一、小学科学教学目标的分层

小学科学教学目标从层次上可分为宏观目标、中观目标和微观目标。教学目标要定位合理、表达准确，才能使小学科学教学活动和教学过程更加有效。[①]

(一)宏观目标

宏观目标指课程标准规定的小学科学课程的总目标。例如，2022 年版课标规定科学课程总目标为：①掌握基本的科学知识，形成初步的科学观念；②掌握基本的思维方法，具有初步的科学思维能力；③掌握基本的科学方法，具有初步的探究实践能力；④树立基本的科学态度，具有正确的价值观和社会责任感。总之，小学科学要培养学生的核心素养，为学生的终身发展奠定基础。宏观目标比较笼统，高度概括了一至六年级小学生在学习科学课程之后所要达到的科学素养水平。

(二)中观目标

中观目标指课程标准中规定的课程分目标或分学段目标，主要包括科学观念、科学思维、探究实践和态度责任四个维度。[②] 例如，2022 年版课标中科学课程一至二年级学段的目标如表 2-1 所示。

表 2-1　一至二年级小学科学课程目标

核心素养	一至二年级
科学观念	认识常见物体的基本外部特征，认识生活中常见的材料；知道生活中常见的力，认识力可以改变物体的形状。

---

① 姚晓春：《小学科学课的建构：探究式教学设计的理论与实践》，35 页，上海，华东师范大学出版社，2018。

② 教育部基础教育课程教材专家工作委员会：《义务教育小学科学课程标准解读》，60 页，北京，高等教育出版社，2017。

核心素养	一至二年级
科学观念	认识周边常见的植物和动物，能简单描述其外部主要特征和生长过程；知道植物和动物的生存需要环境条件。 能描述太阳升落、季节变化和月亮形状变化等自然现象，说出天气变化及其对人类生活的影响；知道地球是人类和动植物的共同家园。 知道自然物和人造物存在区别；知道常见简单科技产品的结构决定了其功能，知道简单的制作问题需要定义和界定。
科学思维	能在教师指导下，观察具体事物的构成要素，通过口述、画图等方式描述事物的外在特征；能利用材料和工具，通过口述、绘画、画图等方式表达自己的想法。 能在教师指导下，辨别二维空间中的东西南北和上下左右；比较事物之间外在特征的不同点和相同点；根据事物的外在特征，对常见事物进行分类；初步分清观点与事实，根据问题提出假设，具有提供证据的意识。 初步具有从不同角度提出观点的意识，能突破对常见物品功能的思维定式，利用发散思维、重组思维等方法，提出不同想法。
探究实践	能在教师指导下，通过对具体现象与事物的观察和比较，提出感兴趣的问题，做出简单猜想，并了解科学探究需要制订计划。具有初步的提出问题和制订计划的意识。 能利用多种感官或简单的工具，观察对象的外部形态特征及现象，并能对这些特征和现象进行简单的比较、分类等。具有初步的收集信息和得出结论的意识。 具有简单交流、评价探究过程和结果的意识。 知道简单工具的功能和使用方法，能利用身边的材料和简单工具动手完成简单的任务，能发现作品中存在的问题并尝试提出解决方案。 能在教师的指导下完成学习任务，进行总结反思，初步养成良好的学习习惯。
态度责任	在好奇心驱使下，对常见自然现象或生活现象表现出直觉兴趣；能如实记录观察到的信息；知道可以有依据地质疑别人的观点，尝试从不同角度、以不同方式认识事物；愿意倾听他人的想法，乐于分享和表达自己的想法。 了解生活中常见的科技产品能给人类生活带来的便利，知道科技产品有利也有弊；树立珍爱生命、节约资源和保护环境的意识。

由表 2-1 可知，科学观念指向在理解科学概念、规律、原理的基础上解释自然现象和解决简单的实际问题；科学思维指向用不同的方法分析问题，从不同的角度思考问题；探究实践指向利用信息和具体工具解决实践问题；态度责任指向保持对科学的好奇心和探究热情，具有热爱自然、保护环境的意识。

中观目标的四个维度对应加涅的四种学习结果。科学观念体现了言语信息的能力，科学思维属于认知策略的范畴，探究实践是智慧技能的应用，态度责任是态度的具体体现。科学观念是探究实践的基础和载体，探究实践是科学观念、科学思维的实践，态度责任依附和融合于探究实践。可见，四个维度的目标相互依存，层层递进，是一个统一的整体。

(三)微观目标

微观目标指某一课题或课时的学习目标。课题目标可以分为单元教学目标、课时教学目标和活动教学目标。[1] 微观目标是宏观目标、中观目标的具体化，是可以观察并具体操作和测量的学生学习结果。

例如，教科版小学科学教材四年级上册第二章第八节"食物在身体里的旅行"的教学目标为：①了解人体消化器官——口腔、食道、胃、小肠和大肠——各自的消化功能；②学会模拟实验的方法，在查阅资料和直接经验的基础上，完成食物消化过程图和胃的消化功能模拟实验；③认识到消化器官共同协作将食物变成可吸收的营养，要健康生活和保护消化器官。食物的消化过程来自学生的直接经验，确定教学起点，利用学生不能亲眼看到食物消化的过程来创设认知矛盾，激起学生对身体进行探究的兴趣；以绘制消化图为基础，以"食物在体内的旅行"为主线，结合胃的消化功能模拟实验，达到初步认识主要消化器官功能的教学目标。[2]

二、小学科学教学目标的独特性

小学生的认知方式具有独特性，主要表现为日常生活中的好奇心、对未知世界的探究热情、对问题的求知欲、对探究活动的主动性、对科学本质的独特认知等。这些都需要小学科学教师在确定教学目标时给予足够的关注。小学科学教学目标的呈现必须符合小学生的"身份特点"，这里从科学观念、科学思维、探究实践和态度责任四个维度来解读。

(一)科学观念

小学科学课程要求小学生初步认识科学的本质，掌握与认知水平相适应的科学知识，形成基本的科学观念，解释基本的自然现象，解决简单的实际问题。小学生的思维逐步由具体形象思维过渡到抽象逻辑思维，教师在确定科学观念维度的教学目标时，必须以小学生已有的科学概念与科学经验为基础。科学经验是小学生从日常生活中获

① 徐敬标：《小学科学教学技能》，42页，上海，华东师范大学出版社，2010。
② 曾宝俊、王天锋：《小学科学教师入门十课》，71页，北京，化学工业出版社，2019。

得的，主要来自他们对生活事物的兴趣、疑问和关注。因此，教师在帮助小学生理解科学概念和原理时，不能脱离小学生的生活背景和科学经验。

(二)科学思维

小学生需要掌握基本的思维方法，如观察、比较、分类、联想、归纳等。小学生在学习能力和类型上存在明显的个体差异。因此，教师在设置科学思维目标时，要根据学生个体差异给予不同的学习支架。生活经验丰富的学生理解科学知识的能力更强，教师需要提升解决问题的难度，如采用多种科学思维方法来解决问题，增强问题的挑战性和趣味性。生活经验不足的学生则需要教师提供丰富的内容及多种渠道，如具体的观察、触摸、闻、听等方法，来增强学生的感性认知，为其顺利构建科学概念提供帮助。

(三)探究实践

小学生天性活泼爱动、精力旺盛，其中大部分是"行动派"，他们需要直接经验来收集资料和形成概念。[①] 因此，小学科学教师在设计探究实践目标时，需要提供信息丰富并且能让小学生的科学语言表达得到增强、问题解决和决策能力得到锻炼的科学活动方案。活动还要由简到繁、层层深入，要能体现主题活动中各科学概念的层次和联系。

(四)态度责任

小学生对自然充满好奇心和探究热情，喜欢交朋友，但他们的自制力不强，意志力相对薄弱。因此，小学科学教师在制定态度责任目标时需要考虑小学生情感的特点，培养小学生在探究实践中实事求是的态度、勇于质疑的精神、保护环境和参与社会事务的责任感，从而将态度责任的培养浸润于学习活动，在"润物细无声"中培养小学生的科学素养。

【讨论与交流】

小学科学教学目标有着怎样的独特性？

---

① ［美］萨玛·沃泽曼、［美］乔治·伊芙妮：《新小学科学教育》，宋戈、袁慧译，18页，北京，北京师范大学出版社，2006。

第三节
小学科学教学目标设计

> 小学科学教师在设计教学目标时，要充分考虑具体的教学内容和学生的实际情况。目标表述分为四个方面：科学观念、科学思维、探究实践和态度责任。如果把科学观念目标看作"点"，那么教师可以在课堂上做到定点突破，学生也可以当堂达标。如果把科学思维和探究实践目标看作"线"，学生应当在教学的主线中经历知识的发生过程，学会主动思考与探究，从而形成科学思维。此外，如果把态度责任目标看作"面"，学生需要在长期的科学学习过程中不断形成科学态度和责任意识。总之，科学观念、科学思维、探究实践和态度责任是设计教学目标的"参考系"。
>
> ——赵国强：《论教学目标的设计与表述》，载《当代教育科学》，2010(6)。

加涅提出，教学目标为学习过程提供支持。我国有学者认为，没有目标的教学是盲目的，没有价值的教学目标则更有害。教学目标具有不可替代的地位和作用。在一定程度上，选择或制定好教学目标则完成了一半的教学设计，其对实现课堂的增效起着关键的作用。[1] 因此，明确教学目标的设计原则、设计步骤和科学表述是十分必要的。

一、小学科学教学目标的设计原则

教学目标高度概括教学内容，划定整个教学过程的基本结构，决定学习活动的基本走向。因此，教学目标设计是否合理，很大程度上决定着一节课的成败。小学科学教师要想设计出科学合理的教学目标，则需要考虑小学科学课程的特点，遵循层次性原则、具体性原则、可操作原则和可测量原则。

(一)层次性原则

教学目标的层次性一方面体现在认知水平的深度上。以布卢姆和加涅等学者对教学目标的分类为例，在布卢姆的认知目标中，记忆、理解、运用、分析、评价和创造六级目标体现了从低级到高级、从简单到复杂的层级关系；加涅的学习结果分类涉及

---

[1] 赵国强：《论教学目标的设计与表述》，载《当代教育科学》，2010(6)。

言语信息、智慧技能和认知策略目标，体现了行为能力的层次差异。教学目标的层次性另一方面体现在核心素养的四个维度上。2022 年版课标将核心素养分为科学观念、科学思维、探究实践、态度责任四个维度，体现了教学目标的层级性。科学观念是科学思维和探究实践的基础，探究实践是形成科学观念、科学思维和态度责任的途径和手段。小学科学教师在制定教学目标时应遵循层次性原则，这样教学才能层层深入、逐步推进。

(二)具体性原则

具体性原则指教学目标的设计应明确、具体、有针对性，有利于小学科学教师为学生选择合适的学习方式，合理地组织教学过程，并将学生行为的实现程度具体化。例如，教科版小学科学教材一年级上册第一章第一节"我们身边的植物"的教学目标，若写成"初步认识身边的一些常见植物"，就没有落实好具体性原则，因为"初步认识"无法指明学生行为的达成度，"一些"也模糊了量化的标准，可改为"能识别、列举身边常见的 3～5 种植物"。教学目标使用的行为动词应尽量避免诸如"认识""了解""掌握"等词，因为这些词缺乏具体的规定性；可以选择"写出""列举""比较"等动词，具体描述学生的行为达成度。目标设计得越明确，教师对教学目标的把握就越准确，对目标实现状况的评测就越可靠。

(三)可操作原则

可操作原则指小学科学教师既要考虑学生能力发展的途径，选择合适的学习方法及手段，还要考虑教学的进程，结合地区、学校的实际条件，结合学生熟悉的生活和社会实际情况，制定既便于操作又具有实效性的教学目标。

(四)可测量原则

教学目标应该是可观察和可测量的，便于小学科学教师及时监控学生的学习行为，充分发挥目标导向功能、激励功能和测评功能。[1]

二、小学科学教学目标的设计步骤

小学科学教师在遵循教学目标设计原则的前提下设计具体的教学目标，一般来说要按照以下步骤进行。

---

[1]　李朝辉：《教学论(第 2 版)》，33 页，北京，清华大学出版社，2016。

(一)详细了解小学科学课程标准

2022 年版课标规定了小学科学的课程性质、课程理念、课程目标、课程内容、学业质量、课程实施等。小学科学教学的组织与实施应全面贯彻课程标准，教学目标制定及其教学活动的设计都要以课程标准为纲。[①] 2022 年版课标虽然从科学观念、科学思维、探究实践和态度责任四个维度阐述了学段目标，并根据课程内容给出了内容要求、学业要求、教学策略建议和学习活动建议，但课标仅为教师提供了目标设计的框架，与具体教学目标设计还有一段距离。因此，小学科学教师要深入分析 2022 年版课标，充分发挥自己的创造性和专业性，设计并细化每一课时的具体教学目标。

(二)深入分析小学科学教材

小学科学教材不是普通读物，是根据小学阶段的教育目的、课程标准以及小学生的认知特点专门研制的文本。[②] 教学目标的制定需要教师认真研读教材。其中，科学观念目标及探究实践目标相对直接，比较容易操作。教师需要具体分析单元教学内容或课时教学内容，找到其中的基本概念、事实、方法和原理，便能设计出科学观念及探究实践目标。[③] 科学思维及态度责任目标相对抽象，教师需要深入分析教材，将隐性的教育显化，理顺并统整教学知识与教学活动所带来的思维及态度转变，从而制定科学思维与态度责任目标。总之，教材的分析对教学目标的设计意义重大。

教材分析不仅包括对教材做独立分析，还包括分析教学内容在学科单元、教材整体中的地位及关系，统筹制定单元教学目标指导下的课时教学目标，使各课时教学目标之间具有互补性，避免预设重复或遗漏。这种整体视域下的课时教学目标设计体现了教师对整个教材内容的驾驭能力以及对课时教学目标的整合、优化能力。

(三)考虑学生真实的生活世界

教学目标设计要最大限度地走入学生真实的生活世界。小学科学课程是针对学生身边的自然现象，强调从学生熟悉的日常生活出发，通过动手动脑等实践活动，使学生了解科学探究的具体方法和技能，理解基本的科学知识，发现和提出生活中的简单科学问题的实践类综合课程。因此，教师在设计教学目标时，只有将教学活动嵌入学生真实的生活经验，利用学生在真实情境中的切实体验，才能实现教学目标。

---

① 叶勤：《小学科学教学设计与案例分析》，19 页，北京，中国人民大学出版社，2021。
② 张涛：《课堂教学目标的确定及其达成要求》，载《当代教育科学》，2015(24)。
③ 徐敬标：《小学科学教学技能》，44 页，上海，华东师范大学出版社，2010。

三、小学科学教学目标的科学表述

教学目标的表述也称教学目标的书写、陈述等，其实质就是把已经确定好的课堂教学目标用书面的形式展现出来。常用的教学目标表述有多种模式，下面以 ABCD 模式为例，介绍教学目标的表述规范。

(一)行为主体

ABCD 模式中的 A 指"行为主体"(audience)，即全体学生，它是目标表述中的主语。虽然主语"学生"在书面上可以省略，但教师在思想上应牢记合适的目标是针对学生的。[①] 小学科学教师在表述教学目标时要从学习的角度出发，不但要表述学生所要习得的知识和能力，还要表述学生的学习方式、方法、工具以及学生行为实现的具体化程度等。

(二)行为动词

B 指"行为动词"(bchavior)，即学生应做什么，是目标表述中的谓语和宾语，用以描述学生所形成的可观察、可测量的具体行为。应尽量避免使用了解、理解、掌握、把握、体验等词，因为这些词语指向的心理活动具体测量度不高；[②] 可以选择列举、辨别、对比、比较、绘制、解决等能具体测量的行为动词来表述教学目标。

(三)行为条件

C 指"行为条件"(condition)，即影响学生学习结果的限制或范围。对条件的表述有四种类型：一是使用辅助手段，如"通过阅读天文学手册，认识……星座"；二是提供信息，如"在观看实际的水、水蒸气或冰的图片时，能将它们区分开来"；三是时间的限制，如"在 10 分钟内，能完成……"；四是完成行为的情境，如"在探究活动中，能绘制……图表"。

(四)表现程度

D 指"表现程度"(degree)，指学生达成目标的最低标准，用以评价学习表现或学习结果所达到的程度。[③] 例如，"能正确地使用……测量""能列举 2～3 种热传导运用的实例"。

在 ABCD 模式下，教学目标的基本格式可以定为：学习方式、方法和工具＋行为

① 施良方、崔允漷：《教学理论：课堂教学的原理、策略与研究》，142 页，上海，华东师范大学出版社，1999。

② 赵蒙成、汪澄：《课堂教学目标设计的迷思与出路》，54 页，载《湖南师范大学教育科学学报》，2016(6)。

③ 肖锋：《学会教学：课堂教学技能的理论与实践》，168 页，杭州，浙江大学出版社，2002。

主体＋行为条件和程度＋行为动词＋知识和能力点。小学科学教师对教学目标进行科学表述，可以使目标具有过程性特点，便于课堂教学的实际操作。

【拓展阅读】

对教学目标设计的认识误区主要有三点，首先是重学生、轻教师。自"以学生为中心"的理念提出，学生的主体地位得到了空前提高。但是，过分强调"学生中心"的教学目标设计容易忽视教师的地位与作用，这实质上是因为没有正确认识到师生在教学过程中是互为主客体、平等交流的关系，人为地将两者二元对立、厚此薄彼。其次是重结果、轻过程。长期以来，学生的成绩是评判其发展的唯一标尺，教学目标是否达成成为衡量一堂课的唯一标准，这种思想完全忽视师生在教学过程中的生成性，过于抬高预设目标的地位，对学生的生成表现不闻不问，可以说仍是"教教材"的教学意识，而未上升到"用教材教"的课程意识。最后是从成物到成人，却未成己。成物指教学目标设计把学生当作产品来培养，忽视学生本性。后来学校认识到不是要成物而是要成人。成人意味着教师要关注学生的生命成长与情感诉求，关注师生互动的灵魂碰触。然而，教学目标关注的是一群人或一类人，教师往往提出一个一般性的、整体性的"抽象人"要求，没有考虑到学生个体之间的差异，即在事实上形成了对学生"具体个人"的忽视。[①]

第四节
小学科学教学目标实训

> 作为教学起点，教学目标关注教师向学生教什么的问题，也即"我们要到哪里去"。它是整个教学活动有序进行的前提。作为教学过程，教学目标影响着教师怎样教的问题，也即"怎样才能到达那里"。教学活动的组织与开展看似自由，但其背后有着教学目标不可违抗的旨意和规约。为何设计这样的教学活动而不设计别的活动，其中起着制约作用的是教学目标。作为教学终点，教学目标关系着教学结果的评价，也即"怎样知道已经到达了那里"。参照预设的教学目标反观教学结果如何，关键要看来时的路向，也即教师写下的第一个教学目标。
> ——张涛：《课堂教学目标的确定及其达成要求》，载《当代教育科学》，2015(24)。

教师应在充分理解和掌握小学科学教学目标设计原则、流程和表述的基础上，根

---

① 李成彬、游阳阳：《教学目标设计的现实问题与未来展望》，载《教学与管理》，2020(15)。

据 2022 年版课标和小学科学教材内容进行教学目标自主设计。本节对小学科学教学目标设计的实训方法及过程做介绍。

一、实训要求

以小组为单位，选择自己感兴趣的小学科学课题，依据教学目标设计的原则，按照教学目标设计的流程和 ABCD 模式设计教学目标。在设计教学目标的过程中，要注重目标的学科特点，把握课程标准、教材内容及学生的基本情况，从科学观念、科学思维、探究实践和态度责任四个维度着手。

二、实训内容

(一)科学观察课教学目标设计实训

为教科版小学科学教材一年级上册第一单元第三节"观察叶"设计教学目标。

1. 教材内容分析

"观察叶"安排在"我们知道的植物"和"观察一棵植物"之后。通过"观察一棵植物"的学习，学生已经知道植物具有根、茎、叶等结构，并学会了利用多种感官观察一棵植物的外部形态特征的方法。这为本节课的学习奠定了基础。本节课分为四个部分：第一部分聚焦"叶有什么特点"这一问题；第二部分为"通过观察多种植物的叶子，了解不同植物、同一植物不同部分叶的特征，并画叶"；第三部分研讨"叶是从哪里长出来的""它会怎样变化"；第四部分为"展示自己的叶画作品"。

2. 学情分析

一年级学生对身边的植物有一定的了解，但他们对植物的观察方式主要停留在"看"上，很难从生物学的视角对叶子的形状、厚薄、正反面进行仔细的观察。[1] 通过"我们知道的植物"和"观察一棵植物"两节课的学习，学生已经对观察植物有了浓厚的兴趣，但他们很难准确地描述叶子的特征和结构。从能力上看，一年级学生活泼好动，对科学观察具有一定的热情，但动手操作能力、自我控制能力和表达能力都有待训练和发展，还没有形成系统的科学观察能力。

结合上述分析，可根据教学目标设计的原则和教学目标表述的 ABCD 模式，将设计好的教学目标填入表 2-2。

---

[1]　曾宝俊、王天锋：《小学科学教师入门十课》，24 页，北京，化学工业出版社，2019。

表 2-2 "观察叶"教学目标

维度	行为主体(A)	行为动词(B)	行为条件(C)	表现程度(D)
科学观念				
科学思维				
探究实践				
态度责任				

(二)科学探究课教学目标设计实训

为教科版小学科学教材四年级上册第三单元第五节"运动与摩擦力"设计与编写教学目标。

1. 教材内容分析

"运动与摩擦力"这节课安排在"弹簧测力计"之后和"运动的小车"之前。本节课由四部分组成：第一部分聚焦于"古人如何搬运巨石""古人在搬运的过程中如何减小摩擦力"两个问题；第二部分为"通过模拟生活中搬运有'重物'的纸盒的运动过程，探究搬运重物时哪种运动方式最省力，即比较不同运动形式下的摩擦力"；第三部分研讨"怎样搬运重物最省力""哪一种方式搬运重物产生的摩擦力最小""生活中哪些地方需要增大摩擦力，哪些地方需要减小摩擦力"；第四部分为"查阅资料，了解各种交通工具是怎样减小摩擦力的"。

2. 学情分析

在学生的生活经验中，学生对"摩擦力"这个词已经比较熟悉，对物体运动会受到摩擦力的现象也不陌生，但对"摩擦力是在什么情况下产生的""如何知道摩擦力的大小""如何增大或减小摩擦力"等问题并没有过多的思考。四年级学生已经具备了一定的实验探究能力，可以根据教师给出的实验器材，利用控制变量等方法进行科学探究。

结合上述分析，可以根据教学目标设计的原则和教学目标表述的 ABCD 模式，将设计好的教学目标填入表 2-3。

表 2-3 "运动与摩擦力"教学目标

教学目标 1	
教学目标 2	
教学目标 3	
教学目标 4	

(三)科学讨论课教学目标设计实训

为教科版小学科学教材四年级下册第二单元第一节"电与我们的生活"设计与编写教学目标。

1. 教材内容分析

"电与我们的生活"这节课是电路的开篇。本节课由四部分组成：第一部分聚焦于"我们对电有哪些了解""我们知道哪些有关电的知识""我们是怎样知道这些知识的"这三个问题；第二部分为"用讨论的方式记录我们对电的认识""讨论家中使用的电器的电来自哪里，并了解通电后能做什么"；第三部分研讨"如果没有电，我们的生活会变成什么样子"。

2. 学情分析

在学生的生活经验中，学生对"电"这个词已经比较熟悉。电灯、电视、电话、冰箱、空调等大大小小的电器都是靠电来工作的，但学生不知道这些电器所用的电源是不同的，对电是如何具体工作的也不熟悉，也不能对电进行准确描述。但因为电与日常生活紧密相连，所以学生对电会产生浓厚的兴趣。

结合上述分析，可根据教学目标设计的原则和教学目标表述的 ABCD 模式，自行设计教学目标。

(四)科学游戏课教学目标设计实训

为教科版小学科学教材三年级下册第三单元第四节"月相的变化规律"设计与编写教学目标。

1. 教材内容分析

"月相的变化规律"这节课安排在"影了的秘密"之前和"月球——地球的卫星"之后。本节课由四部分组成：第一部分聚焦于"月球与太阳不同，有月相的变化，那么月相的变化有什么规律"这个问题；第二部分为"通过制作月相变化手册或纸牌，了解月相变化的规律"；第三部分研讨"在一个月内，月相变化的规律是怎样的"；第四部分为"在不同时间观察月球和它周围亮星位置的变化"。

2. 学情分析

学生都有观察月亮的经历。虽然他们已经注意到月相的变化，但很难将月相的变化与时间对应起来。学生更多关注某一天或某个时间的月相，对月相在一个月里的连续变化知之甚少。

结合上述分析，可根据教学目标设计的原则和教学目标表述的 ABCD 模式，自行设计教学目标。

三、拓展训练

阅读教科版小学科学教材六年级上册第三单元第三节"不简单的杠杆"案例，结合本章所学的知识对下面的教学目标表述进行分析。

"不简单的杠杆"一课的教学目标

①科学观念

知道杠杆有三个点：支点、用力点和阻力点。

知道有省力杠杆、费力杠杆和等臂杠杆。

知道改变支点的位置、高度会影响杠杆的作用效果。

认识更多的杠杆类工具在生活中的应用。

②科学思维

理解杠杆工作的原理。

能尝试多种方法撬动大石块。

③探究实践

能利用杠杆完成撬动大石块的任务。

能用画图的方式记录杠杆的使用情况。

④态度责任

能对杠杆产生探究的兴趣，乐于和同学合作完成模拟测试。

尊重事实，如实记录大石块的移动距离，准确地画出杠杆装置。

本章小结

本章内容从教学目标的内涵、分类和功能出发，探讨教学目标的本质特征。同时结合小学科学学科的特点，详细分析小学科学教学目标的独特性，在阐述小学科学教学目标设计原则和步骤的基础上，解读小学科学教学目标的科学表述模式——ABCD模式，并以小学科学教学目标设计的原则和表述模式为理论依据进行目标设计实训，为教师制定科学合理的教学目标提供案例。本章梳理了教学目标的相关概念和设计环节，旨在帮助教师理解小学科学教学目标的特点和设计原则，提高教师科学制定教学目标的能力。

思政内容

本章涉及的思政教育内容主要体现在态度责任维度的教学目标中：要保持学生的好奇心和探究热情，在学习活动中要培养学生严谨求实、不迷信权威、尊重他人的科学态度，要培养学生珍爱生命、热爱自然、保护环境的社会责任感。这些内容需要教师合理地融入态度责任教学目标，并能真正地内隐于教学内容。

章后练习

1. 教学目标有哪些功能？

2. 小学科学教学目标设计的原则有哪些？

3. 如何科学表述小学科学的教学目标？

延伸阅读

[1]皮连生. 教学设计：第 2 版[M]. 北京：高等教育出版社，2009.

[2]李朝辉. 教学论：第 2 版[M]. 北京：清华大学出版社，2016.

[3]吉菁，韩向明. 加涅学习结果分类理论对确定课堂教学目标的启示[J]. 教育理论与实践，2002(S1)：40-41.

[4]张涛. "好课"的教学目标功能定位及预设要求[J]. 教学与管理，2016(16)：35-37.

[5]闫艳. 课堂教学目标研究[M]. 长春：东北师范大学出版社，2013.

第三章

小学科学教学
方法的选择

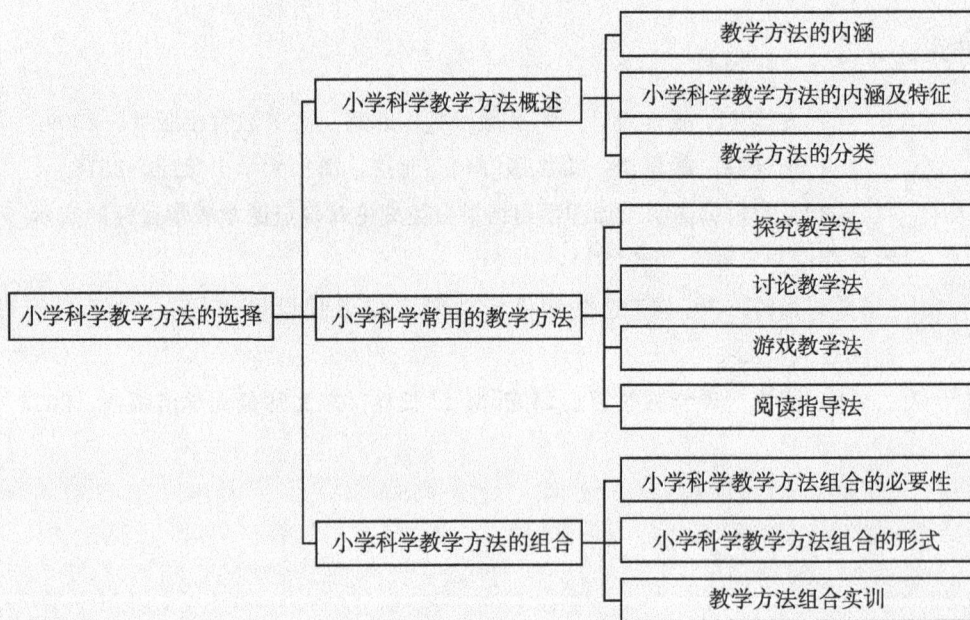

```
小学科学教学方法的选择 ─┬─ 小学科学教学方法概述 ─┬─ 教学方法的内涵
                        │                        ├─ 小学科学教学方法的内涵及特征
                        │                        └─ 教学方法的分类
                        │
                        ├─ 小学科学常用的教学方法 ─┬─ 探究教学法
                        │                          ├─ 讨论教学法
                        │                          ├─ 游戏教学法
                        │                          └─ 阅读指导法
                        │
                        └─ 小学科学教学方法的组合 ─┬─ 小学科学教学方法组合的必要性
                                                  ├─ 小学科学教学方法组合的形式
                                                  └─ 教学方法组合实训
```

本章概述

　　教师只有掌握不同的教学方法，才能因材施教地制定合适的教学方案，才能有效地开展教学活动，提高小学生的学习能力，激发其兴趣。本章包括小学科学教学方法概述、小学科学常用的教学方法以及教学方法的组合等内容，能够帮助小学科学教师厘清教学方法的本质和内涵，学会运用不同的教学方法，提升教学能力。

第一节
小学科学教学方法概述

> 教学作为人类特有的一种社会实践活动，总是有既定的为人的目的。教学要达到既定目的，完成所肩负的任务，显然离不开方法。所以，不管人们对教学方法有多么重视，都不足为过。
>
> ——徐继存：《教学方法阐释》，载《西南师范大学学报（人文社会科学版）》，2002(6)。

在教学理论与实践领域中，教学方法一词的使用在国内外都很广泛。教学方法是教学论领域的一个重要范畴，它实际上就是教师指导和帮助学生学习的方法，具有个体性、相对性、从属性和局限性的特点。[①] 因此，理解教学方法的内涵及其本质特征对小学科学教师来说是非常必要的。

一、教学方法的内涵

教学方法是一个很难界定的术语，它由"教学"和"方法"组合而成，其中"教学"是关键，"方法"是核心。教学是为达成一定的教学目标，教师组织和引导学生学习掌握课程内容的一种特殊活动。[②] 方法是认识问题和解决问题的途径、手段和工具。[③] 关于如何界定和理解教学方法，我国学者提出了不同的见解，较具有代表性的有以下三种。

①活动说：教学方法指为达到教学目的、实现教学内容，运用教学手段而进行的，由教学原则指导的，由一整套方式组成的师生相互作用的活动。[④]

②手段说：教学方法是为了完成一定的教学任务，师生在共同活动中采用的手段。既包括教师教的方法，也包括学生学的方法。[⑤]

③方式说：教学方法是在教学过程中，教师和学生为实现教学目的、完成教学任

---

① 徐继存：《教学方法阐释》，载《西南师范大学学报（人文社会科学版）》，2002(6)。
② 黄甫全：《现代课程与教学论（第二版）》，339页，北京，人民教育出版社，2011。
③ 潘懋元：《高等学校教学原理与方法》，176页，北京，人民出版社，1995。
④ 王策三：《教学论稿》，244～245页，北京，人民教育出版社，1985。
⑤ 中国大百科全书编辑部：《中国大百科全书 教育》，151页，北京，中国大百科全书出版社，1985。

务而采取的教与学相互作用的活动方式的总称。[1]

这三种说法从不同层面对教学方法进行了阐释。作为一种活动，教学方法由一系列教师和学生的外在行为动作构成，这些动作其实就是教学方式。因此，教学方法也可以被认为是由一系列教学方式构成的。作为一种手段，教学方法必须为实现教学目的或完成教学任务服务，即教学目的和教学任务对教学方法具有重要的导向作用。换句话说，离开了教学目的和任务的引导，教学方法就成了没有任何意义和价值的虚幻体。

基于以上分析，我们可以将教学方法界定为教师和学生在一定教学思想的指导下，围绕一定的教学目的，通过一定的教学内容，为完成一定的教学任务而运用一定的教学手段、方式所进行的教学活动模式。[2] 我们也可以将教学方法简单理解为教师指导和帮助学生学习的方法，教学方法不是教师教的方法与学生学的方法的简单相加，而是教法和学法的有机统一。教育家陶行知曾强调"教的法子必须根据学的法子"[3]，教学方法实际上就是教师教学生学习的方法。

教学方法与教学目标和内容的关系可表述为：一切教学方法都以教学目标为导向，教学内容是实现目标的素材。内容受目标制约，同时方法受"目标—内容"关系的制约。因此，方法、内容与目标之间是多向和多层的网络结构。同一个目标可以通过不同的内容和方法来实现，而同一种内容和同一种方法可以实现不同的目标。在教学目标、内容与方法之间，目标和内容分别制约着方法，"目标—内容"关系则决定着方法，而方法则是传递内容和实现目标可供选择的有效工具。因此，教学方法是引导、调节教学过程最重要的教学手段。

二、小学科学教学方法的内涵及特征

(一)内涵

小学科学教学方法指在小学科学教学活动中，教师和学生为完成学习目标，根据教材的特点和学生的认知规律，结合学校的实际情况所采用的教学手段和教学方式。[4] 具体包括三方面的理解。

第一，小学科学教学方法指向特定的教学目的。小学科学教学方法的使用是为实现小学科学课程的目标服务的。

---

[1] 李秉德：《教学论》，197页，北京，人民教育出版社，1991。
[2] 周福盛：《试论教学方法的含义及分类》，载《宁夏大学学报(哲学社会科学版)》，1999(3)。
[3] 陶行知：《中国教育改造》，12页，合肥，安徽人民出版社，2019。
[4] 徐敬标：《小学科学教学技能》，27页，上海，华东师范大学出版社，2010。

第二，小学科学教学方法受到特定教学内容的制约。小学科学课程的内容十分丰富，不同内容应匹配不同的教学方法。也就是说，只有选择恰当的教学方法，才能有效地开展教学活动。

第三，小学科学教学方法是借助一定的教学手段、遵循一定的教学原则而形成的一系列师生活动。小学科学教学方法用于解决教师在从事教学活动时应该如何做的问题，具有较强的实践指导意义。[①]

(二)特征

小学科学教学方法是小学科学教师教学实践力的最直观表现。[②] 不同于一般的应用技术，其拥有从属性、相对性、个体性等特征。

1. 从属性

教学方法的从属性指任何一种教学方法都建立在一定的教学思想基础上，是教学思想的外化形式或外在表现，教学思想与教学方法之间是"神"与"形"的关系。教学思想直接影响教学方法，没有科学的思想，就没有科学的方法。正如魏书生所言："教学方法只不过是雕虫小技，教学思想才是教学方法的源头。"[③]

2. 相对性

教学方法的相对性指任何一种教学方法的使用效果都是相对于所要达成的教学目标而言的。每一种教学方法都有优点和缺点，单一的教学方法会抹杀教学的复杂性，不能反映教学的本质规律。换句话说，任何一种教学方法的使用范围都是有限的，即任何一种教学方法只适用于特定的教学情境。值得注意的是，教师在使用教学方法的过程中，应避免绝对化和机械化的倾向。

3. 个体性

教学方法的一个重要特征是个体性。教学方法不是以独立于主体——教师和学生——的实体形态存在的，而是主体内在素质在教学活动过程中的一种外化。当人们谈及某种教学方法时，必然涉及使用该方法的师生。离开了使用主体，教学方法只是一种物态工具。因此，教学方法可以被视为教师教学素质的重要衡量指标，也是影响学生学习效果的重要因素。

三、教学方法的分类

人类在长期的教学实践中创造和积累了许多教学方法。在 20 世纪 70 年代，巴班

---

① 李文田、张杨阳：《小学科学教学设计》，117 页，南京，南京大学出版社，2021。
② 钟启泉：《教学方法：概念的诠释》，载《教育研究》，2017(1)。
③ 王坦：《试论教学方法的基本属性》，载《课程·教材·教法》，2002(7)。

斯基列出了 40 多种教学方法。目前我国学者列出的教学方法有 200 多种。大量的教学方法需要按照某些共同特点进行归类，按照不同的特点进行区分。[①]

(一)国外学者的教学方法分类

国外有代表性的学者为桑代克、巴班斯基、威斯顿与格兰顿、佐藤正夫、拉斯卡等，他们的教学方法分类观点如表 3-1 所示。

表 3-1　国外学者的教学方法分类

学者	类型	特征
桑代克	阅读法，讨论法，讲演法，练习法，实物法，实验法，设计法，表演法，自学法。	未指明分类的明确标准，有的根据教学手段，有的依据具体行为进行分类，如讨论、表演等。
巴班斯基	组织和自我组织学习认知活动的方法(知觉、逻辑认识、实习等)，激发学习和形成学习动机的方法(兴趣、责任等)，检查和自我检查教学效果的方法(口头、直观、实际操作等)。	依据对人的活动的认识，认为教学活动包括三种成分——知识信息活动的组织、个人活动的调整、活动过程的随机检查，并依此将教学方法分为三大类。
威斯顿与格兰顿	教师中心的方法(讲授、提问)，相互作用的方法(小组讨论、同伴教学、小组设计)，个体化的方法(单元教学、程序教学、独立设计)，实践的方法(现场教学、角色扮演、游戏教学)。	依据教师与学生交流的媒介和手段进行分类。
佐藤正夫	提示型教学法(讲解、示范等)，共同解决问题型教学方法(对话、讨论、探究)。	从教师、学生以及教材与环境的交互作用的角度进行分类。
拉斯卡	呈现方法，实践方法，发现方法，强化方法。	依据新行为主义学习理论，即"刺激—反应"联结理论在实现预期学习结果中的作用进行划分。

桑代克的教学方法分类侧重于师生的学习行为，如讨论法指教师组织学生对某一问题或某一探究活动展开讨论；表演法指学生结合某一教学主题组织编写表演。巴班斯基关于教学方法的分类侧重于教师对教学活动的组织和修正人的认知行为，包括学习认知活动的组织、学习过程中的信息组织行为、学生学习动机的激发、教学效果的检查等。威斯顿与格兰顿依据师生交流的媒介和手段进行分类，列出了以教师为中心的讲授法、师生相互作用的小组讨论法、学生相互作用的同伴教学法、个性化的单元

---

① 徐继存：《教学方法阐释》，载《西南师范大学学报(人文社会科学版)》，2002(6)。

教学法、实践为主导的游戏教学法等。这种分类展现了师生交互的多样性、媒介的丰富性、课堂的复杂性与变化性。佐藤正夫从教师、学生以及教材与环境的交互视角对教学方法进行分类，如共同解决问题的讨论法。拉斯卡基于新行为主义理论对教学方法进行分类，侧重于心理学视角，如强化方法。

(二)我国学者的教学方法分类

我国有代表性的学者为李秉德、黄甫全、罗廷光和李朝辉，他们的教学方法分类观点如表 3-2 所示。

表 3-2　我国学者的教学方法分类

学者	类型	特征
李秉德	以语言传递信息为主的教学方法，以直接感知为主的教学方法，以实际训练为主的教学方法，以欣赏活动为主的教学方法，以引导探究为主的教学方法。	依据教学方法的外部形态以及相应形态下学生认知活动的特点进行分类。
黄甫全	原理性教学方法，技术性教学方法，操作性教学方法。	依据由具体到抽象的层次进行教学方法类型的划分。
罗廷光	思想教学法，练习教学法，欣赏教学法，发表教学法。	未说明分类标准，大体从心理活动、学习知识、陶冶情感、形成技能、由理论到实践的角度划分。
李朝辉	语言性教学方法，直观性教学方法，实践性教学方法，研究性教学方法。	未说明分类标准，大体从学习的认知水平、形成的技能由具体到复杂的层次进行划分。

李秉德的教学方法分类侧重于学生认知活动的特点，如以语言传递信息为主的教学方法，以直接感知为主的教学方法，以实际训练为主的教学方法。黄甫全依据由具体到抽象的层次对教学方法进行分类，如原理性教学方法。李朝辉依据学生的认知水平从简单到复杂的层次对教学方法进行分类，如直观教学法。

不同的教学方法有不同的特点和适用范围。小学科学教师须结合教学目标合理选择教学方法。此外，在具体教学实践中，即便是相同的教学方法，不同的教师在使用过程中会产生不同的效果。因此，教学方法具有有效性和灵活性。

第二节
小学科学常用的教学方法

> 教学法专家克拉克和斯塔尔指出："熟练的教师总是掌握了多种多样的教学方法……尽管其中的一些方法比另一些方法或许略胜一筹，但没有一种是尽善尽美的，教师应该掌握许多教学方法，使之能够根据自己的个性、班级学生的特点，所教内容的特征选择最合适的教学方法。"可见，小学科学教师应当掌握多种教学方法，并能筛选和使用这些方法以适应千变万化的教学情境。
>
> ——王坦：《试论教学方法的基本属性》，载《课程·教材·教法》，2002(7)。

教学方法是教师教学活动的灵魂。优秀的小学科学教师的教学方法往往是丰富多彩、千变万化的，而且包含体现其个性特色的独创性因素。小学科学教师要形成独特的教学风格，就要对各种教学方法有所了解。[①] 下面介绍小学科学教学常用的探究教学法、讨论教学法、游戏教学法和阅读指导法。

一、探究教学法

探究教学法指在教师指导下学生运用探究的方法进行学习，主动获取知识、发展能力，其目的是培养学生的创新精神和实践能力。[②] 探究教学法倡导的是教学过程中学生的积极参与，它最为深刻的动力来自人类对自然界和社会无穷奥秘的探索与思考。课程论专家施瓦布在其所著的《探究式科学教学》中提到，最早将探究用作教学方法的是柏拉图，他认为没有绝对的真理，学生可以在前人积累的知识和经验的基础上提出质疑和批判。[③] 杜威认为，探究就是主体在具体情境中通过搜寻、研究、调查、检验等活动，不断认识真理、检验真理，形成知识和经验的过程。杜威关注了学生创造性和探究精神的培养。[④]

有研究者认为，一个人获得了科学知识并不意味着他就理解了科学是如何运作的。同理，小学科学教师在开展教学的过程中，应重点关注小学生能否从自然的和社会的

[①] 张华：《课程与教学论》，212页，上海，上海教育出版社，2000。
[②] 孙春成：《新语文课堂：探究教学法》，5页，南京，南京师范大学出版社，2003。
[③] J. J. Schwab, *The Teaching of Science as Inquiry*, Cambridge, Havard University Press, pp. 18-19.
[④] 倪胜利：《对"探究法"的探究》，载《西北师大学报(社会科学版)》，2011(1)。

现象中获得经验。大量的科学经验能够帮助学生在科学探究的过程中做出合理的解释、获得独特的发现。探究教学法适合学生主题学习，帮助学生积累科研探究经验。

二、讨论教学法

讨论教学法古已有之。关于"讨论"一词，《辞海》的解释是"探讨寻究，议论得失"。在小学科学课堂中，讨论教学法指教师通过预先设计和组织，启发引导学生围绕学习目标主动学习，发现问题，提出问题，生生之间、师生之间的共同探讨，展示成果，使学生主动获取知识、提高能力的教学方法。

讨论教学法具有鲜明的特征。

一是导向性。讨论不能漫无边际，要围绕目标和重难点。如果偏离目标，超出学生的认知范畴，讨论就收效甚微。相反，如果教师精选关键问题或主题，确定讨论方式、过程、总结等，做好相应的心理准备，掌握必要的讨论技巧，则能够促使学生相互交流、积极思考。

二是互动性。讨论以学生为中心，师生共同参与。师生互动主要体现为小组内学生之间的交流、小组间的多向交流、教师与学生间的互动与交流，体现了多方交互。知识也具有动态生成的特点，师生能够在讨论中相互启发，不断理解所学的知识。互动的开放程度是影响讨论质量的关键因素。实践表明，讨论成员之间的互动开放度越高、自由度越强，越不被个别人物控制，完成讨论任务的效果就越突出。

三是民主性。讨论本身就很好地体现了民主商议的过程。通过讨论，师生之间、生生之间互相帮助、平等对话，每个成员都充分发表自己的意见，展示自己的成果。每个成员都应学会认真倾听他人的意见，平等探讨冲突问题，这样才能加深对知识的理解层次。换句话说，讨论教学法在一定程度上实现了师生平等、教育民主化，可实现对学生进行人格教育的目的。

四是规则性。规则是课堂讨论顺利进行的重要保障。如果没有规则，讨论就可能变成无休止的争吵，出现混乱局面。有效的讨论通常遵循以下规则：坦诚交流，接纳别人提出的观点，顺序发言，相互借鉴，表达自由，相互尊重。

三、游戏教学法

游戏是儿童的天性。对于小学科学教师来说，游戏是很好的教学方法。科学游戏是教师根据教学目标、学生的年龄特征及认知特点，将游戏与教学活动进行融合，并完成教学设计的产物。

游戏教学应注意三点。一是趣味性与教学性相结合。把游戏融入教学设计时应体现教学目标，不能一味追求游戏的趣味性。如果忽视了教学目标，势必出现游戏和教学内容脱节，导致舍本逐末。二是难度适中。科学游戏的难度应适中，不能与学生的认知水平脱节。如果难度过大，学生无法完成学习任务，则会严重挫伤学生学习的积极性，不利于教学活动的开展；如果难度过小，学习任务无挑战性，则会使学生失去学习的热情，同样不利于教学活动的开展。三是可操作性。教师在设计游戏时应当根据实际情况，设计出可操作的活动，引导学生积极主动地参与科学游戏，使学生体验科学游戏的乐趣。

毋庸置疑，在小学科学教学中恰当地运用游戏教学法可以带来诸多益处，但并非所有科学课内容都适合科学游戏，如放大镜、观测风、运动与摩擦力等。教师首先要选取合适的教学内容来设计科学游戏，其次要思考科学游戏在什么时候用。因为如果科学游戏应用不当，则会浪费时间，甚至适得其反。教师应当根据实际情况来应用科学游戏进行教学。

四、阅读指导法

阅读是科学探究学习重要的组成部分。[①] 科学阅读为学生的科学学习提供新的空间。小学阶段的科学阅读主要包括科学家相关事迹阅读、科学技术发明阅读、重大科学事件阅读、科学史阅读和扩展性阅读。

科学阅读活动的参与主体是学生，操作主体是教师。由于课内外的科学阅读活动与日常文学阅读活动具有一定的差异性，科学教师只有在充分预设、全力组织的基础上才能让科学阅读活动有效开展。在具体的组织过程中，教师要关注阅读材料的组织和运用，具体包括：对课内科学阅读材料的梳理，阅读目标的定位，阅读方法的指导，对课外科学阅读材料的加工，阅读结果的分析，等等。

【拓展阅读】

教学方法分类的目的就是选择。选择教学方法的依据和标准有许多，如教学目标、课程内容、学生的年龄特征、教师自身的特点以及教学物质条件等。同时，人们还发现，仅仅依据其中任何一个因素选择教学方法都是片面的。教学目标不同，所采用的教学方法理应不同，要选择那些有利于更好地完成教学目标的教学方法。教学方法总相对于某种课程内容而存在，不同的学科或相同学科的不同内容应该选择不同的教学方法。不同的教学方法对学生的知识、智力水平等要求不同，最好选择那些适合学生年龄特征、身心发展水平的教学方法。教学方法的运用总是通过具体的教师来实现的，

---

① 曾宝俊、王天锋：《小学科学教师入门十课》，298 页，北京：化学工业出版社，2019。

每个教师在选择教学方法时都要考虑自身的学识、能力、性格及身体等诸方面条件，尽量扬长避短，选择那种最能展现自己才华、施展自己聪明才智的教学方法。教学的物质条件包括学校提供的仪器、图书、设施等，超越现有的教学物质条件，选择运用一种不适应的教学方法，往往会加重师生负担，降低教学方法原来的价值等。[①]

第三节
小学科学教学方法的组合

> 为了完成小学科学教学任务，达成预期的教学目标，小学科学教师在选择教学方法之后，还需要考虑如何运用所选择的教学方法，即对所选择的教学方法进行优化组合和综合使用。
>
> ——李文田、张杨阳：《小学科学教学设计》，137 页，南京，南京大学出版，2021。

教学方法的组合指按照一定的原则，对两种以上的教学方法进行加工处理，使它们组成为特定教学目的服务的教学方法整体，从而实现教学方法的优化。[②] 小学科学教学内容的丰富性、教学活动的复杂性以及教学方法自身的局限性均要求教师在选择教学方法时进行优化组合。

一、小学科学教学方法组合的必要性

每一种小学科学教学方法都有自身的特点、功能与使用范围，也都有其局限性。[③] 没有一种教学方法是为完成所有教学任务而设计的。如果教师在整个小学科学课堂教学过程中仅使用一种教学方法，给学生带来的刺激则是单调、枯燥的，容易使学生产生疲劳，也难以调动其多种感官参与学习，从而影响课堂教学效果。因此，在小学科学教学中，教师不能把某种教学方法绝对化，需要对不同教学方法进行分析，以便把握各自优劣，取长补短，综合运用，形成一种"集聚"优势。

---

① 徐继存：《教学方法阐释》，载《西南师范大学学报（人文社会科学版）》，2002(6)。

② 庞红卫：《试论教学方法的组合》，载《中国教育学刊》，2000(5)。

③ 李文田、张杨阳：《小学科学教学设计》，138 页，南京，南京大学出版，2021。

二、小学科学教学方法组合的形式

教学方法组合是一个相当复杂并富有创造性的过程，而不是一种简单的糅合，这一过程不能依靠人工智能来完成，只能由具有创造力的教师来实现。其组合的形式有三种。

(一)围绕指导思想进行组合

这种组合形式是围绕一定的指导思想，将不同教学方法组合成一组相对稳定且系统的教学方法。例如，魏书生在教改实践中提出了"六步教学法"，该法以知(让学生认识求知的重要)、情(让学生体验获得知识的快乐和幸福)、行(让学生了解自身学习活动的方向和规则)、恒(让学生学习有恒心)相互作用的规律为指导思想，将定向、自学、讨论、答疑、自测、自结六种教学方法有机组合，从而更好地发挥教学方法的效能，促进学生自我能力的发展。[①] 案例教学法、程序教学法等都属于这种形式的教学方法组合。

(二)根据方法组成要素进行组合

任何一种教学方法都是由多要素构成的系统。这些基本要素有读、问、讲、议、看、练、评等。读的过程是理解科学概念的含义、领会科学现象的实质、把握教学结构的过程，也是对教学内容进行加工、创造的过程。问存在于课堂教学的各个环节，问什么、何时问、怎样问都需要教师精准把握并运用教学智慧。讲包括讲授、讲解、讲述等，无论教学方法怎样变化，讲始终是不可或缺的要素。议改变了传统的"静听教学"，是真正体现学生主体地位的要素，能促进学生在讨论中迸发思维的火花，提高课堂教学效率。看即观察，学生观察教师的演示实验，观察自然界的各种物质形态，增强其感性认识，升华其思想觉悟。练能巩固学生所学的知识，提升学生运用知识的能力。评主要是诊断教学活动，及时纠错补缺，补充完善教学方法。总之，构成教学方法的基本要素既可以自成一体(讲授法、讨论法等)，也可以双要素或多要素组合(问题讨论法、"读读、议议、讲讲、练练"教学法等)。[②]

(三)根据不同教学内容特点进行组合

小学科学教学内容具有不同的内在逻辑和抽象程度，在知识内容、技能和态度等方面有着不同的要求。例如，"观察洋葱表皮细胞"与"观察云"虽然都属于科学观察课，但细胞是微观的，只有正确使用显微镜才能观察到细胞内部的结构；而云是宏观的，

① 许高厚、施铮、魏济华等：《课堂教学技艺》，111页，北京，北京师范大学出版社，1997。
② 李文田、张杨阳：《小学科学教学设计》，139页，南京，南京大学出版社，2021。

不需要借助仪器，只需要观看图片和进行室外观察就能了解云的特征。因此，对于不同的教学内容，教师需要采用不同的教学方法进行教学，这样知识才能有效地被表达和理解。小学科学教师在进行教学方法组合时应考虑教学内容的特点，根据不同的教学内容进行教学方法的组合与优化。

三、教学方法组合实训

教学片段：探究斜面的秘密。[①]

(一)探究斜面是否省力

教师：斜面真的能省力吗？我们今天一起验证一下，老师为同学们提供了这些材料。我们首先应该干什么呢？

学生搭建斜面，教师指导，斜面的坡度可以不同。

教师：同学们的斜面都搭好了，那你们想怎么设计这个实验呢？

学生小组合作讨论、汇报，教师补充。比较垂直提升小车与在斜坡上提升小车所需力的大小，教师提醒学生需反复测量三次，在测量过程中不要改变斜坡高度。

学生分组实验并记录。

教师将学生汇报的数据录入对比表格。

教师：从同学们的实验数据中我们发现，斜面可以省力，因此斜面也是一种简单机械。

(二)斜面坡度的大小对拉力大小的影响

教师：重物的质量是一样的，但比较每个小组的数据，你们还有什么发现吗？

学生：拉力的大小不一样。

教师：前后两个小组来比较一下，你们的实验材料和实验数据有什么不同呢？（前后两个小组斜面的坡度是不一样的。）

学生比较，汇报结果。

教师：坡度越小越省力。

(三)认识变形的斜面

教师：(展示陡峭的山坡图片)这么陡峭的山坡，住在山上的人如果推自行车上去一定很累吧！大家来做小工程师吧，利用刚才我们实验探究出来的结果，帮他们想一

[①] 曾宝俊、王天锋：《小学科学教师入门十课》，152 页，北京，化学工业出版社，2019。

些省力的办法。

学生思考。

教师：（展示盘山公路图片）坡度越小越省力，既然我们改变不了山的高度，我们就来改变斜面的长度，斜面越长，坡度就越小。盘山公路就是一个斜面的变形。

教师：（展示螺纹疏密程度不一样的螺丝钉）螺丝钉的螺纹与斜面有什么关系？这两个螺丝钉哪个更省力呢？

学生思考。

教师：螺纹也是一种形变的斜面，螺纹密的更省力。

请阅读上述教学片段，提炼该片段的核心概念以及教学目标，并分析该片段运用了几种教学方法以及它们是如何组合的？请将分析结果填写至表3-3。

表3-3 "探究斜面的秘密"教学方法分析

教学片段主题	
核心概念	
教学目标	
教学方法的组合	

本章小结

　　　　本章从教学方法的内涵、特征及分类出发，梳理出小学科学常用的教学方法——探究教学法、讨论教学法、游戏教学法和阅读指导法，并详细分析小学科学教学方法所具有的从属性、相对性和个体性。同时，在介绍常用教学方法的基础上，探讨小学科学教学方法的组合，并提供案例进行实训。本章系统性地梳理了小学科学教学方法的相关概念、特征及分类，旨在帮助教师掌握小学科学的常用教学方法，并进一步提升其教学方法的运用能力。

思政内容

　　　　教学方法既要为教学内容服务，又要满足学生个性化的需求。教师应深入理解"教学有法，教无定法"，深度掌握教学方法，学会合理使用和组合各种教学方法。教师应根据小学科学的教学实际，尊重教学规律，拓宽学生的思维空间，增加学生科学学习的兴趣，提升学生的科学探究能力，充分发挥教学活动的启发性、实践性、创造性。总之，学生对知识的探索过程不是"教师传授—学生聆听"的单一学习过程，而是在真实的情境中，学生通过亲自探究、思考、想象、反思、交流、讨论等，对知识形成个性化理解的过程，只有这样教师才能唤醒学生的求知热情。

章后练习

1. 小学科学教学方法有哪些特征？

2. 国内外学者对教学方法是如何分类的？

3. 选择两种常用的小学科学教学方法，分析其内涵、特点与组合运用。

延伸阅读

［1］徐继存. 教学方法阐释［J］. 西南师范大学学报（人文社会科学版），2002(6)：58-62.

［2］黄甫全. 现代课程与教学论（第二版）［M］. 北京：人民教育出版社，2011.

［3］钟启泉. 教学方法：概念的诠释［J］. 教育研究，2017(1)：95-105.

［4］张华. 课程与教学论［M］. 上海：上海教育出版社，2000.

［5］曾宝俊，王天锋. 小学科学教师入门十课［M］. 北京：化学工业出版社，2019.

下篇
实践篇

第四章

小学科学课堂
教学导入技能

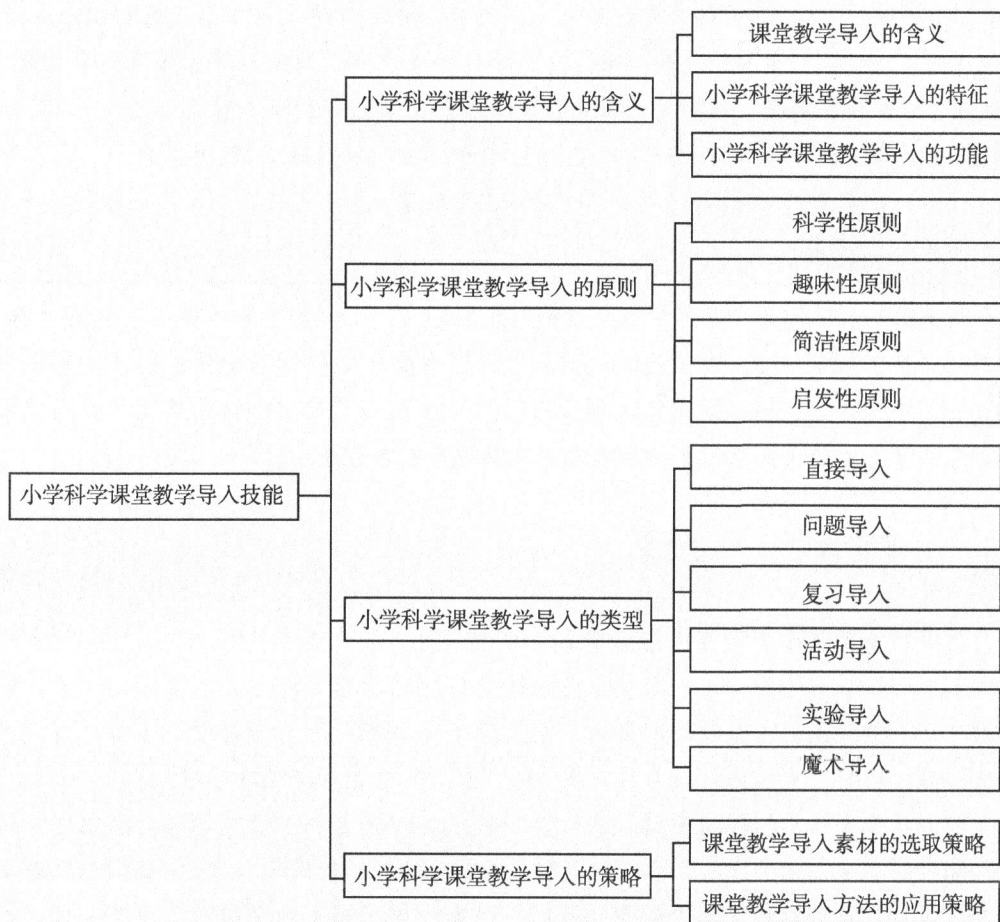

```
小学科学课堂教学导入技能
├─ 小学科学课堂教学导入的含义
│   ├─ 课堂教学导入的含义
│   ├─ 小学科学课堂教学导入的特征
│   └─ 小学科学课堂教学导入的功能
├─ 小学科学课堂教学导入的原则
│   ├─ 科学性原则
│   ├─ 趣味性原则
│   ├─ 简洁性原则
│   └─ 启发性原则
├─ 小学科学课堂教学导入的类型
│   ├─ 直接导入
│   ├─ 问题导入
│   ├─ 复习导入
│   ├─ 活动导入
│   ├─ 实验导入
│   └─ 魔术导入
└─ 小学科学课堂教学导入的策略
    ├─ 课堂教学导入素材的选取策略
    └─ 课堂教学导入方法的应用策略
```

本章概述

在小学科学教学中，课堂教学导入是教学过程的起始环节，具有特殊的教学意义。高效的课堂教学导入不仅能激发学生的学习兴趣，还可以使学生明确学习任务，增强学习动机，使教学事半功倍。本章可以帮助小学科学教师理解课堂教学导入的含义、原则与类型，依据教学内容使用恰当的教学导入策略，进而提高小学科学课堂教学的质量。

第一节
小学科学课堂教学导入的含义

> 俗话说："良好的开端是成功的一半。"成功的课堂教学导入对于完成教学任务、提高教学质量具有举足轻重的作用。在小学科学教学中，教师要善于利用小学生爱发问、爱探索的天性，精心设计课堂教学导入，创设问题情境，营造愉悦的学习氛围，诱发学生的好奇心与求知欲，使其达到"课未始，兴已浓"的愤悱状态。
>
> ——王较过、张红洋：《中学物理教师教学技能》，87页，西安，陕西师范大学出版总社，2016。

课堂教学导入作为小学科学教学过程的起始环节，不仅影响整个课堂教学的节奏，还贯穿于整个教学过程。成功的课堂教学导入对提高小学科学教学质量起着举足轻重的作用。小学科学教师必须熟练运用课堂教学导入技能。要掌握这些技能，首先要明确课堂教学导入的含义以及小学科学课堂教学导入的特征及功能。

一、课堂教学导入的含义

课堂教学导入作为教师开展课堂教学的第一步，可以分为"导"和"入"两个部分。"导"具有引导、引领的含义，指教师根据教学目标和内容，运用灵活多样的手段，快速集中学生的注意力，激发学习动机，帮助学生在思想层面上做好学习准备。而"入"指帮助学生更好、更快地进入学习状态，融入课堂，开始一节课的学习。

吴萍从学生认知的视角出发，认为课堂教学导入作为一种课堂活动，主要用于帮助学生做好学习新知的准备，并让学生明确本节课的教学目标与内容。[1] 胡淑珍从教学的角度出发，把课堂教学导入称作"开讲"，认为导入是整个教学过程的重要一环，不仅存在于课堂的起始阶段，还要贯穿于整个教学过程；导入不仅要引入新知，还要使学生联系旧知，保持学习的持续性。[2]

综上所述，课堂教学导入是在新课讲授之前，教师有目的、有计划地运用各种教学手段创设教学情境，快速地将学生的注意集中到课堂上，激发学生的好奇心与探究

---

[1] 吴萍：《新编教师教学技能训练教程》，5页，北京，北京师范大学出版社，2011。
[2] 胡淑珍等：《教学技能》，43页，湖南，湖南师范大学出版社，1996。

欲，进而顺利地进入新课的一种教学行为。[①]

二、小学科学课堂教学导入的特征

与其他学科相比，小学科学课堂教学导入最突出的特征在于激发学生对科学现象的好奇心和对科学问题的探求欲望。2022 年版课标指出：倡导设计学生喜闻乐见的科学活动，创设愉快的教学氛围，保护学生的好奇心，激发学生学习科学的内在动机。这就要求小学科学教师高度重视课堂教学的导入环节，通过生动有趣的教学导入激发学生对自然现象和科学知识的好奇心，培养学生的科学素养。

由此可见，小学科学课堂教学导入就是教师在进行教学活动的起始阶段，根据教学内容的特点，结合学生的心理特征、生活经验和认知水平，运用生动的科学语言或实验，激发学生对自然现象的好奇心与求知欲，将学生的注意吸引到特定教学任务上的引导性行为。[②]

三、小学科学课堂教学导入的功能

课堂教学导入的水平直接影响学生在学习新知阶段的参与度和学习效果，关乎课堂教学目标的圆满达成。成功的教学导入往往能够先声夺人、启迪思维、承上启下，为新课教学营造和谐的学习氛围。一般而言，课堂教学导入的功能主要体现以下三个方面。

(一)集中注意，进入学习状态

良好的学习心理状态是有效学习的前提条件。教学导入的首要任务是把学生的心理活动集中于学习，迅速排除与将要学习的新知识无关甚至有碍新知识学习的活动。对学生而言，成功的教学导入能起到思维定向的作用，能够在短时间内使学生停止与学习内容无关的思绪和行为，把兴奋点转移到课堂上，注意集中在教学内容上。只有在这样的状态下开始上课，教学才能"箭无虚发"，句句入耳，点点入地。

(二)引起兴趣，激发学习动机

兴趣是学生积极主动投入学习并维持学习状态的重要内驱力。如果学生对将要学习的新知识产生了浓厚的兴趣，那么他就会一心一意地投入学习，并能够在学习中得到快乐的体验和反馈。在课堂教学导入环节，教师要结合学生的生活经验及身心特点，

① 王宝大等：《导入技能 结束技能》，2 页，北京，人民教育出版社，2001。
② 邵光华：《小学课堂教学技能训练》，43 页，北京，高等教育出版社，2011。

利用各种手段，正确、巧妙地导入新课，展示小学科学课程的独特魅力，使学生很快进入学习的最佳状态，进而全身心地投入学习。

(三)渗透主题，明确学习任务

在课堂教学的导入环节，教师应当点明本节课的主题，给学生指明具体的学习任务，安排学习进度，从而引导学生思维的走向。教师点明课程的主题，一方面可以帮助学生在已有知识技能与即将学习的新知识技能之间建立起联系，便于学生建构知识和提升能力；另一方面可以使学生明确学习任务，理解学习内容的性质和含义。只有这样，学生的内部动机才会被充分激发出来，有目的、有意义地进行学习，并自觉地控制和调节自己的学习活动。

【案例】

主题：教科版小学科学教材一年级上册第一单元第三节"观察叶"

辨认植物，导入新课。

教师：同学们，现在是什么季节？

学生：秋天。

教师：秋天是一个色彩缤纷的季节，是走进大自然游玩、观赏的好时节（课件图片）。老师也被这些风景，更被这些漂亮的植物吸引了，我们一起来看看，它们是什么植物？你是怎么认出来的？你的判断依据是什么？

学生：我是通过红枫的叶认出红枫这一种植物的。

学生：我是通过观察广玉兰的叶认出广玉兰的。

（对学生可能不认识的铜钱草、洒金珊瑚，通过"这种植物有什么特点"这一问题引向叶，从叶的特征认识植物。）

教师：刚才我们认识了一些植物，想一想，我们是如何识别这些植物的？

（揭题：观察叶。）

（案例撰写者：潘德顺，苏州工业园区教师发展中心教研员）

【讨论与交流】

上述案例的导入环节通过辨认植物这一活动，让学生体验辨认植物大都通过观察植物的叶子，从而让学生理解"观察叶"对认识植物的重要性，激发学生的探究欲望，进而很自然地开展这一主题的学习。请你评价一下上述案例中的导入环节效果如何？一个好的导入环节对课堂教学有什么作用？

第二节
小学科学课堂教学导入的原则

> 纵览学科课程教学，好的导入犹如一把钥匙，给学生打开探究知识、形成见识的大门，激起学生探究门外风景的兴致。如何设计导入，是衡量一个教师教学功力和教学智慧的重要标准之一，也是提高教学效益的必经之路。要想设计出能引发学生共鸣的教学导入，首先应当了解课堂教学导入的基本原则。
> ——胡鹤：《"优质课导入"探秘——以"自由平等的追求"为例》，载《中学政治教学参考》，2019(5)。

小学科学课堂教学导入的方式多种多样，在设计上也没有固定的形式和规范。但要想使导入环节在课堂初始就起到先声夺人、承前启后的效果，小学科学教师需要在设计导入环节时遵循一些基本的设计原则。

一、科学性原则

小学科学课堂教学导入应具有科学性，主要体现在两个方面。第一，体现于科学教学内容本身。小学科学属于自然学科，包含物质科学、生命科学、地球与宇宙科学、技术与工程等多个领域的知识。教师在设计导入环节时，必须注意导入的内容遵循客观的自然规律，尽可能选取实物、现实的情境或实验，少用拟人的手法、虚构的童话等与科学规律并不相符的方式，不可以为了学生的兴趣或喜好而牺牲导入的科学性，进而影响学生对科学知识的正确理解。[①] 第二，体现于符合小学生的认知发展水平。教师在设计导入环节时，必须从小学生的实际认知水平出发，针对其认知特点和已有的知识经验，设计出符合他们年龄特征的课堂导入。同时，教师还要兼顾学生群体的共性，可以根据不同班级的特点调整导入的内容与方式，使其更具有针对性，从而实现最佳的课堂导入效果。

二、趣味性原则

小学科学课堂教学导入应具有趣味性。趣味性指在设计课堂导入环节时，教师要

---

① 叶勤：《小学科学教学设计与案例分析》，82页，北京，中国人民大学出版社，2021。

根据小学生的心理特征，设计新颖、有趣的内容，以此吸引他们的注意，激发他们的兴趣，从而引导他们快速融入课堂。

要想把课堂教学导入环节设计得新奇有趣，教师需要注意语言和形式的变化。第一，教师要在语言表述上做到逻辑清晰、风趣幽默。当然，语言不能过于夸张，更不能为了吸引学生注意而讲述与课程无关的内容，避免本末倒置。第二，教师要做到导入形式多样，引证生动。动画视频、演示实验、实物展示、游戏和提问等都是常用的课堂导入形式，教师可以根据教学的内容和学生的特点选用合适的导入形式。

三、简洁性原则

小学科学课堂教学导入应具有简洁性，即用时简短、内容明确、步骤清晰。[①] 导入虽然是小学科学教学过程中的重要一环，但课堂教学的主要任务是达成教学目标，新知识的学习应占课堂的大部分时间。导入要契合整节课的教学安排，与教学过程的其他环节有机结合，为后续教学活动的开展做好铺垫。

在设计导入环节时，教师可以通过精练、准确的语言点明主题，用生动有趣的实验或视频激发学生的学习动机，切勿拖拖拉拉，词不达意；也可以通过活动导入教学，创设与新知识密切相关、具体直观且贴近学生日常的教学情境，使学生能在短时间内快速集中注意力，带着问题进入新课部分的学习。通常来说，小学科学课堂教学导入的时间应当控制在3~5分钟，时间过长容易"喧宾夺主"。

四、启发性原则

孔子曰："不愤不启，不悱不发。"小学科学课堂教学导入应具有启发性。启发性指通过运用多样化的导入方法，启发学生独立思考、积极探索、自主学习。

想要设计富有启发性的导入，第一，小学科学教师要根据教学内容精心设计导语，吸引学生的注意，调动学生学习的积极性；第二，可以采取多种导入形式，如通过提问、对比实验、阅读故事等方式，因势利导地促使学生积极思考。

启发并引导学生积极思考是课堂教学导入环节的核心任务。课堂教学不是"满堂灌"，教师要尽可能地调动学生学习的主动性，引导学生提出、分析并解决问题，从而使其掌握知识并提升能力。富有启发性的教学导入既体现了掌握知识与发展能力相统一的教学原则，也体现了师生双边互动的课堂教学特征。当然，在设计导入环节时，教师还应考虑到教学内容的难易度、学生的身心发展情况等。

---

① 俞旭：《优化课堂导入 促进科学探究》，载《科学大众(科学教育)》，2018(5)。

【案例】

主题：热空气和冷空气

教师：我带来了一条纸蛇，用细线把它吊起来挂在铁架台上，你能让它转起来吗？

学生：吹气。

教师：请一位同学上台用吸管在纸蛇下面向上吹气，其他同学注意观察纸蛇的变化。

学生：纸蛇转动了。

教师：为什么纸蛇会转动？小组讨论一下。

学生：吹的时候空气流动了，让纸蛇转动起来。

教师：还是这条纸蛇，我们不用吸管吹，我把一支点燃的蜡烛放在纸蛇下方约10厘米处，请大家观察发生的现象，并在小组内讨论一下：为什么会发生这样的现象？

学生：纸蛇也转动了。

学生：有热气，热气把纸蛇"吹"动了。

学生：热气向上飘。

教师：点燃蜡烛后，蜡烛周围的空气有什么变化？

学生：变热了。

教师：蜡烛周围的空气被加热后变为热空气，热空气会如何流动呢？这就是今天要学习的内容——热空气和冷空气。

【学习任务】

上述导入环节的效果如何？导入环节还需要遵循哪些基本原则？

第三节
小学科学课堂教学导入的类型

教学导入有许多类型，但在小学科学课教学导入过程中不是所有的导入都能运用。比如，在科学课教学中就不宜应用篇幅较长的史料导入，这样容易使学生感到厌烦和疲惫，甚至厌恶学习；也不宜使用语言精练的名人名言导入，学生知其然而不知其所以然。因此，小学科学教师应当熟悉导入的类型，掌握一些适合小学科学课程的导入方法，以便精心设计导入环节。

——杨东：《浅析小学科学课教学导入类型的应用》，载《科教文汇（中旬刊）》2014(1)。

　　教学有法，教无定法，小学科学课堂教学导入也是如此。在实际的教学导入环节中，教师可以根据教学目标，结合学生的知识经验和年龄特征等，精心设计导入的内容与方式，以调动学生学习的积极性。[①] 由于教学内容和对象不同，加上教师本身教学风格有差异，导入的方法可以灵活多样。下面详细阐述六种小学科学课堂常用的导入方法。

一、直接导入

　　直接导入是教师依据本节课的教学目标和内容，开门见山地向学生阐述将要学习的新知识，使学生的注意力迅速集中的一种导入方法。直接导入法通常先借用课题、人物、现象等作为导入语，然后直接概述将要学习的新知识；要求教师语言简练，条理清晰，富有感染力。

　　例如，在讲授教科版小学科学教材六年级下册第二章第三节"形形色色的植物"时，教师直接对学生说："同学们，你们想认识更多的植物吗？这节课我们的任务就是去学校植物区一起寻找植物！现在请各小组讨论一下：如何分工才能了解更多的植物？"教师简短的几句话就把学生带入教学情境。[②] 直接导入的优势就在于目的性强，不过，教师在使用时须谨慎思考教学内容的适配度和学生的差异性。

二、问题导入

　　问题导入是教师在精心构思后提出问题，使学生置身于矛盾冲突，进而激发学生的学习兴趣，调动学生思维的一种导入方法。

　　例如，在讲授苏教版小学科学教材六年级下册第三单元第三节"达尔文与他的'进化论'"时，教师首先提出问题："每种工具都有特定的功能，如生活中常用的螺丝刀，有十字的，也有一字的，分别有不同的用处。生物体的各个身体部位也像工具一样，鸟的喙是啄食的工具，不同的鸟具有不同形状的喙，那鸟喙的形状是怎样影响它吃食物的呢？"这样精心设计的问题可以"一石激起千层浪"，学生马上会由不同工具联想到不同形状的鸟喙，从而进行积极且深入的思考，为学习理解"生物界的自然选择"做好铺垫。

　　布鲁纳认为，课堂教学就是反复提出问题、解决问题的过程。学生的思维需要问题来调动，教师只有恰当地设置悬念，才能激起学生求知的欲望。因此，问题导入法

---

①　梁碧晨：《思想品德课堂教学情境导入的艺术》，载《考试（教研）》，2011(5)。

②　刘俊军：《关注科学课的导入》，载《科学课》，2005(4)。

可以体现小学科学教师的教学功底与智慧。

三、复习导入

　　复习导入是教师通过复习提问、完成习题等教学形式，帮助学生建立已有知识与新知识之间的联系，以旧知识的复习为支点引入新课的一种导入方法。

　　例如，在讲授教科版小学科学教材四年级下册第二单元第三节"简单电路"时，由于学生已经学习了如何运用导线、灯泡与电池使灯泡发光，于是教师先引导学生回忆让灯泡发光的方法——用导线把灯泡与电池的正负极相连[①]，再引导学生思考这样的连接方法是否可行，因为一旦松手，灯泡就会和电池分开，如果还想让更多灯泡亮起来，光靠手难以实现。然后教师进一步引导学生，提出可以将电池和灯泡固定住，再适时地展示电池盒与灯座来解决问题。通过已有知识的铺垫，学生就能顺利地进行新课的学习。

　　复习导入法适用于新旧知识联系较为紧密的章节，既可用于复习已学知识，又可为学习新知识打好基础，是比较典型的师生共导的方法之一。这种方法不仅能运用学生的已有知识引入新知识，还能充分调动学生的学习热情，增强学生学习的自信心和成就感，同时起到温故知新的作用。

四、活动导入

　　活动导入是指教师引导学生完成一个与新知识密切关联的活动或游戏，使学生在活动中不知不觉地进入新课讲授的一种导入方法。[②]

　　例如，教师在讲授教科版小学科学教材四年级上册第三单元第二节"用气球推动小车"一课时是这样引入的：

　　教师：同学们，你们喜欢做游戏吗？让我们来做个有关气球的游戏好吗？

　　学生：好！

　　教师吹起一个气球。

　　教师：如果我松开手里充了气的气球，气球会怎么样？

　　学生：气球会飞出去。

　　教师：假如让你也按这个方法让充气的气球飞出去，你可以改变哪些条件来玩出花样？

---

①　孙明园：《引之有则，导之有法——浅议小学科学课堂导入策略》，载《新课程》，2020(31)。
②　蔡海军：《小学科学课堂导入的策略》，载《湖南教育》，2004(15)。

学生：改变气球的大小，改变松开气球的方向，改变松开气球的位置……

教师：真不错，这么快就想出了这么多玩法！那么你们想自己动手试试吗？

学生：想试！

教师：老师给每个同学准备了气球，大家可以根据自己的想法玩一玩。

话音刚落，学生便根据小组的思路尽兴地玩起来。

在上述案例中，教师通过玩气球的活动激发学生的求知欲，让学生通过活动探索发现：气球的大小不同、气嘴的方向不同会导致气球飞的距离和方向不同。学生进而联想到气球可以作为推动小车的动力。爱玩是小学生的天性，活动导入容易让他们接受。但教师要注意的是，在运用活动导入时应控制好活动的时长，不能在导入部分耗费太多时间。此外，教师还要注意导入活动的内容与教材内容密切相关，这样才能在活跃课堂氛围的同时，将学习的科学知识渗透于活动。

五、实验导入

实验导入是教师通过新颖有趣的演示实验或探究实验引入新课的一种导入方法。

小学科学是一门以实验为基础的自然学科，因而实验导入是小学科学课常用的导入方法之一。小学生普遍喜欢观察，特别是对一些新鲜事物。在实验观察的过程中，他们出于强烈的好奇心，急于知道实验现象背后的原因。[①] 教师可以利用这一点，在新课开始时设计一些趣味小实验，通过各种声、光、电、味等实验现象使学生在学习之始受到各种感官的刺激，获得大量感性信息。同时教师及时提问，引导学生逐步分析问题，起到"激其情，引其疑"的作用。

例如，在讲授教科版小学科学教材五年级下册第二单元第二节"用浮的材料造船"时，教师可以做一个演示实验：将泡沫、木头和铁块放入一个提前装好水的透明水槽中，让学生观察泡沫、木头和铁块在水中的浮沉情况。通过观察，学生可以清晰明了地辨别不同物体的沉浮关系，获得直观印象。[②]

六、魔术导入

魔术导入指教师通过设计精彩有趣的小魔术为课堂设置悬念，使学生产生强烈的学习兴趣与探究欲，进而导入新课的一种导入方法。[③]

① 郭芬云：《课的导入与结束策略》，45页，北京，北京师范大学出版社，2010。

② 姜丽萍：《小学科学课生活化导入"七法"》，载《现代教育科学》，2014(12)。

③ 曹燕南：《例谈小学科学课堂"导入"方法及实施体会》，载《华夏教师》，2016(9)。

例如，在讲授教科版小学科学教材二年级下册第一单元第三节"磁铁怎样吸引物体"一课时，教师可以设计一个"用无钩的鱼竿钓鱼"的魔术导入新课。教师先拿出一个没有鱼钩的鱼竿（内部藏有磁铁）向学生展示，请一位学生拿着鱼竿去钓空心的纸鱼，结果自然毫无反应；教师再用鱼竿去钓内部装了大头钉的纸鱼，成功地钓了起来。此时学生惊讶不已，探究的欲望一下子被调动起来。教师立刻引导："为什么老师可以用没有鱼钩的鱼竿把鱼钓起来呢？这节课就让我们揭开背后的秘密！"一个简单的魔术为后面的教学做好了铺垫。

观看魔术是小学生喜闻乐见的活动，魔术导入直观有趣，师生的参与度高，可以化难为易、化平淡为神奇，还能开阔小学生的视野，是一种有效的导入方式。

【讨论与交流】

除了上述六种常见的导入方法，还有哪些小学科学课堂可以使用的教学导入方法？

第四节
小学科学课堂教学导入的策略

> 课堂教学导入是一门艺术，既没有固定的导入模式，也没有一成不变的导入方式。小学科学教师在设计教学导入时要锐意创新，综合考虑学生的认知水平、年龄特征以及教材内容等多种因素，不断变换导入模式，采取灵活多样的导入方式，使导入达到最优化的效果。
> ——王较过、张红洋：《中学物理教师教学技能》，87页，西安，陕西师范大学出版总社，2016。

课堂教学导入好比话剧的开幕、歌曲的前奏，所占比例虽然不大，但它所起的作用不容小觑。小学科学课堂的精彩导入能够产生先声夺人、抓住学生的心弦、推动学生情绪的效果。因此，小学科学教师必须掌握一些基本的课堂教学导入策略，更好地为新课讲授做好准备和铺垫。

一、课堂教学导入素材的选取策略

要想设计一个好的课堂教学导入，合理选材既是前提，也是关键。小学科学教师应当从教材内容出发，结合学生的认知特点，对不同来源的素材进行筛选、提炼和加工，在保证课堂教学导入内容科学性的同时使导入更加生动。[1]

(一)根据教材内容加工形成导入素材

小学科学教材内容是经过精心编写的，可以为课堂教学导入提供科学、准确的文本和图片素材。但教材的编写逻辑和学生的认知逻辑存在差异，因此，小学科学教师可以对教材中的一些素材做适当的加工和删减，进而优化教学导入的内容和形式。

例如，在讲授教科版小学科学教材三年级下册第一单元第二节"各种各样的运动"时，教材呈现了指尖陀螺、旋转木马、溜溜球、小汽车等图片，反映了不同运动类型。其中小汽车的前进方式是平动，但车轮的运动方式是转动。相较于其他图片，小汽车包含了两类运动，对于学生来说相对复杂，不便于展开运动分类的讨论和剖析，容易给刚学习了物体运动的学生带来不必要的困扰。因此，教师可以选取运动方式更为明确的磁悬浮列车替代小汽车，让学生更加清晰地分辨物体的运动类型。

(二)从学生的实际生活中挖掘导入素材

选取贴近学生生活的导入素材能有效激发学生的学习兴趣。一般来说，学生对自己生活的环境有一种天然的亲近感，更愿意了解和关注。这就要求小学科学教师熟悉学生的生活背景，从其熟知、感兴趣的事物中挖掘导入素材，做到课堂教学导入与学生生活的有效融合。

例如，在讲授教科版小学科学教材五年级下册第三单元第二节"我们面临的环境问题"之前，教师可以安排学生分组对学校附近的街道、社区和河流的环境卫生进行调查和拍摄，然后选取具有代表性的学生作品在课上播放，当学生看到街头巷尾的垃圾、河道里的污水，听到干扰社区居民日常生活的噪声时，保护家园环境的责任感在他们心里油然而生。这样的新课导入能够直击学生的心灵，牢牢抓住学生的注意，使他们真切地感到课堂教学与日常生活息息相关。

(三)从网络资源中收集导入素材

除了从教材和学生的生活实际中挖掘导入素材，小学科学教师还可以从网络资源中收集导入素材。

2022年版课标指出：坚持与时俱进，反映经济社会发展新变化、科学技术进步新成果，更新课程内容，体现课程时代性。因此，小学科学教师在设计课堂教学导入时应积极收集网络资源，弥补教材内容的不足，确保小学科学教学内容的时代性与新鲜感。例如，在讲授教科版小学科学教材六年级上册第二单元第三节"人类认识地球运动

---

[1] 冯怀勇：《小学数学"情境导入"的策略例谈》，载《山西教育(教学)》，2021(12)。

的历史"时，教师可以采用我国天宫空间站的材料作为课堂教学导入的内容，既能体现内容的时代性，又能激发学生的爱国情感和民族自豪感。

此外，随着网络资源的不断丰富，小学科学教师还可以将网络上的图书资料、音像资料等作为导入素材。教师需要对收集的网络素材进行选择、加工和整理。如果不进行细致的加工，则容易出现导入时间过长，或者导入内容与新知识缺乏关联等问题。

二、课堂教学导入方法的应用策略

对同一节小学科学课来说，导入的方法可以有不同选择。不同教师上同一节课，即使采用同一种导入方法，产生的效果也往往大不相同。课堂教学导入会受到教学目标、教材内容、学生的认知水平以及教师的教学风格等多方面因素的影响，因此，小学科学教师要选择恰当的教学导入方法并优化组合，才能实现最佳的导入效果。

(一)根据教学目标和教材内容选择课堂教学导入方法

课堂教学导入是为完成教学任务、达成教学目标服务的。因此，小学科学教师在备课时要用心体会教材，根据教学目标和教材内容选择合适的课堂教学导入方法。

例如，教科版小学科学教材二年级下册第一单元第三节"磁铁的两极"和第七节"磁铁和我们的生活"都涉及磁铁知识的学习。但"磁铁的两极"的教学目标是通过科学探究的过程让学生理解磁极的概念，知道磁铁存在两个磁极；"磁铁和我们的生活"的教学目标则侧重于让学生了解磁铁在日常生活中的应用，进一步巩固和理解磁铁的相关性质。因此，"磁铁的两极"的课堂教学导入方法应当以实验导入为主，辅以其他教学导入方法，让学生通过实验探究磁铁不同部位的磁性强弱，进而引入磁极的概念。而对于"磁铁和我们的生活"一课，教师可以选用问题导入和活动导入相结合的课堂教学导入方法，先创设问题情境：大家想想看，生活中的哪些地方用到了磁铁？磁铁起了什么作用？再安排学生分组讨论，选代表回答。

(二)根据学生的认知水平选择课堂教学导入方法

小学科学教师在选择课堂教学导入方法时还应考虑不同学生的个体认知水平差异和不同班级的群体认知水平差异。教师要根据学生的兴趣、能力和班级情况采用恰当的教学导入方法。

小学科学课面向的学生基本都处于 7～12 岁的儿童期，属于皮亚杰所说的具体运算阶段，但由于环境、身心发展速度等因素的影响，不同学生的认知水平也有所差异。因此，小学科学教师在设计教学导入时，要综合考虑班级里每一位学生的认知水平，组合多种教学导入方法。面对认知水平较低的学生，导入中应有复习，帮助学生建立新旧知识之间的连接，为学习新知识做好认知上的准备。面对认知水平较高的学生，可以在导入中加入问题，通过提问一步步引导学生思维进阶，学生通过自身的主动建构获取知识。

另外，教师要针对不同班级设计教学导入。一般来说，小学科学教师往往同时承担多个年级班的科学课程，因此教师应考虑不同年龄段、不同班级学生的认知水平差异。比如，面对小学低学段的学生，教师的导入语言需要更加儿童化，可以利用儿歌、谜语、绕口令等方式进行导入，如果教师的导入语言过于烦琐、抽象，就会影响学生的参与度和学习效果。

(三)根据教师的教学风格选择课堂教学导入方法

教师的教学风格也会影响课堂教学导入方法的选择。同一种导入方法，由不同教师使用，可能产生不同的效果。因此，小学科学教师应该了解自我、认清自我、把握自我，做到扬长避短、取长补短，根据自己的教学风格选择适合自己的导入方法。例如，语言表达能力强的教师可以多用问题导入、故事导入等；擅长各类科学实验操作的教师可以多用实验导入；教学组织能力强的教师可以多用活动导入等。当然，擅长语言表达的教师在发挥讲授特长的同时，也要给学生提供进行科学实验的机会，提升学生的科学探究能力；擅长实验导入的教师在组织学生进行实验探究的同时，也应对学生进行必要的讲授，让学生体会实验背后的科学本质。一个好的小学科学教师在发挥特长、形成风格的同时，也具备运用各种教学导入方法的能力。

本章小结

　　课堂教学导入对小学科学课堂教学过程的顺利开展具有重要意义，因而掌握有效的课堂教学导入技能是小学科学教师的基本功之一。本章内容结合小学科学的特点，详细分析了小学科学课堂教学导入的特征与功能；结合常规的课堂导入环节，提炼了四条小学科学课堂教学导入的基本原则；同时总结了小学科学课堂常用的几种导入方法，并提供了相关的案例；最后，在实施策略方面，提出了小学科学教师在设计教学导入需要掌握的基本策略。本章系统地梳理了小学科学课堂教学导入的相关概念和环节，旨在帮助小学科学教师理解教学导入的内容特点和各类方法，提高教师的教学导入水平，进而提高小学科学课堂教学的效率与质量。

思政内容

　　本章涉及的思政教育内容有：以学生日常生活为蓝本进行课堂教学导入，帮助学生树立将科学知识与生活实际相结合的科学观念；在多样化的课堂教学导入过程中，让学生了解科学家的故事及研究方法，学习科学家精神，培养学生对科学现象的好奇心和探究欲，从而提升其科学素养。

章后练习

1. 小学科学课堂教学导入的基本要求有哪些？你认为小学科学课堂教学导入应遵循哪些原则？

2. 好的小学科学课堂教学导入对教学目标的达成有什么帮助？

3. 以教科版小学科学六年级上册第三单元第三节"杠杆的科学"为例，设计一个活动导入和一个问题导入。

延伸阅读

[1]吴萍. 新编教师教学技能训练教程[M]. 北京：北京师范大学出版社，2011.

[2]王宝大，等. 导入技能 结束技能[M]. 北京：人民教育出版社，2001.

[3]郭芬云. 课的导入与结束策略[M]. 北京：北京师范大学出版社，2010.

[4]叶勤. 小学科学教学设计与案例分析[M]. 北京：中国人民大学出版社，2021.

[5]程素芳. 在情境教学中充分利用"问题导入法"[J]. 中国教育学刊，2017(1)：106.

[6]黄华佳. 走出情境导入的误区[J]. 中学政治教学参考，2020(40)：44-45.

小学科学课堂提问的含义 —— 课堂提问

小学科学课堂提问

小学科学课堂提问的功能

小学科学课堂提问技能

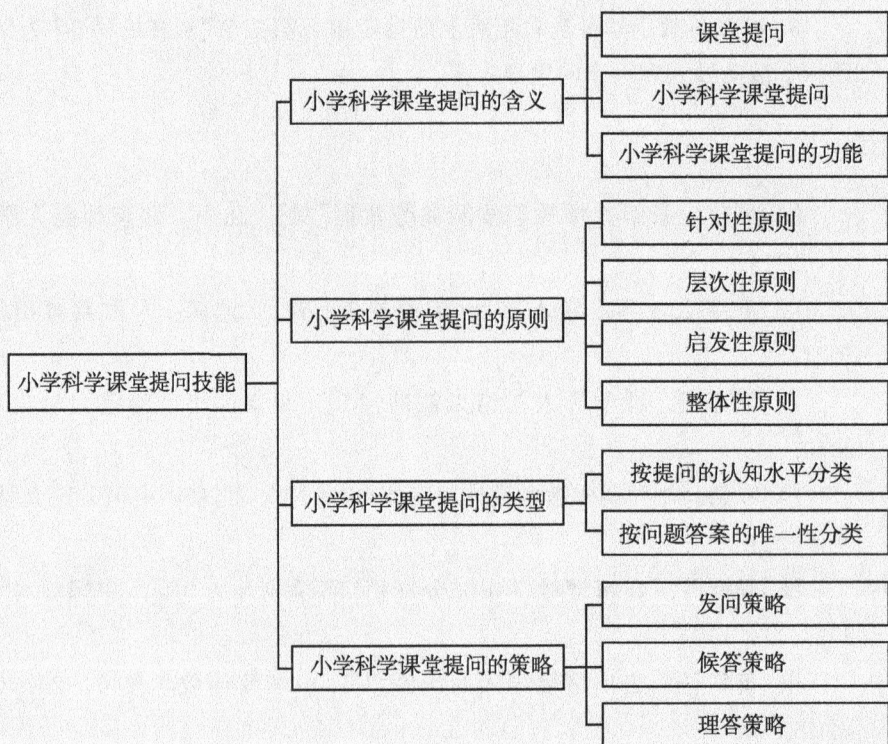

小学科学课堂提问的原则 —— 针对性原则

层次性原则

启发性原则

整体性原则

小学科学课堂提问的类型 —— 按提问的认知水平分类

按问题答案的唯一性分类

小学科学课堂提问的策略 —— 发问策略

候答策略

理答策略

本章概述

　　在小学科学教学中，提问作为教师经常使用的教学技能之一，是有效达成教学目标、促进师生交流的重要手段。本章通过详细阐述小学科学课堂提问的含义、原则、类型和策略，帮助小学教师熟练掌握课堂提问技能，进而提高小学科学课堂教学的效率。

第一节
小学科学课堂提问的含义

> 课堂教学是围绕着提问进行的。提问在集中注意、揭示主题、启发思考等方面有着不可低估的作用与意义。从"教育信息传播学"的视角来说，提问有利于学生形成"信息接收—信源加工—信息传输—信道开导—信息反馈"的一系列过程。因此，在小学科学教学中，教师应科学合理地运用课堂提问手段，鼓励学生多质疑、多交流，进而促进小学生的思维发展。
>
> ——孙世梅：《小学语文阅读教学课堂提问存在的问题、成因及解决策略》，载《教育理论与实践》，2018(20)。

课堂提问是教学的生命线，是师生互动的重要媒介。《学记》写道："善待问者如撞钟，叩之以小者则小鸣，叩之以大者则大鸣。"教师的提问能直接影响学生的思维发展。[1] 在小学科学教学中，教师应该意识到课堂提问的重要性，需要厘清课堂提问、小学科学课堂提问的含义及功能。

一、课堂提问

教育学家克林伯格曾说："在一切的教学中，都开展着广义上的'对话'。无论运用哪种教学方式，师生间的对话都是高质量教学的一种重要体现。"[2]提问就是师生对话在课堂上最常见的表现形式，其运用历史悠久。我国教育家孔子提倡通过启发式提问进行教学；古希腊哲学家苏格拉底的产婆术同样运用提问对学生进行引导、启迪，最终使其开悟。提问是课堂教学最为常用的方法之一。

《现代汉语词典(第7版)》给"提问"做出的解释是：提出问题来问。心理学家瑞格认为提问是试图引起言语反应的一种手段[3]，只要能把学生的思维调动起来，就属于提问。我国学者皮连生从教学的视角出发，认为提问是通过师生相互交流，应用迁移，发展思维，进而达成教学目标的一种教学行为方式。[4] 王较过、张红洋则认为，提问是

---

① 孙慧芳：《小学科学课堂教学的有效提问策略》，载《教学与管理》，2021(5)。
② 转引自钟启泉：《对话与文本：教学规范的转型》，载《教育研究》，2001(3)。
③ 胡淑珍：《课堂教学技能》，213页，北京，团结出版社，1993。
④ 皮连生：《教学技术：心理学的理论与技术》，152页，北京，高等教育出版社，2000。

教师在课堂教学中向学生提出问题以及对学生的回答做出回应的过程。通过教师的提问，学生可以知晓本节课需要掌握的核心概念和关键能力；通过学生的回答，教师也能了解学生的学习情况并相应地调整教学方式与内容。[①]

综上所述，课堂提问就是教师创设问题情境，引发学生的认知冲突，继而引导学生进行思考与探究的一种教学方式。提问本身是一个动态化的过程，由教师、学生、提问的内容共同构成。

二、小学科学课堂提问

小学科学的性质决定了提问在课堂教学中的重要地位。2022 年版课标指出：探究和实践是科学学习的主要方式，要加强对探究和项目式等各种教与学方式的基本要求。因此，在小学科学课堂中，科学探究和实践活动是小学科学教学的主要方式，而提问是科学探究的起点，提问会直接引导学生的思维路径。[②]

小学生的认知水平不高，注意力很难集中，自主思考的意识不强，这些都需要小学科学教师精心设计课堂提问环节，使学生对问题产生兴趣，引发其探究问题的欲望，培养其爱问的习惯和自主思考的意识，最终使其具有学科学、用科学的志向。

由此可见，小学科学课堂提问就是在教学过程中，教师根据课程标准的内容要求，结合具体的教学目标和内容，有目的、有计划、有步骤地提出问题，引发学生的积极思考，激发学生的好奇心，拓展学生的思维，发展学生探究能力的一种教学手段。

三、小学科学课堂提问的功能

提问贯穿于小学科学课堂的各个环节，通常有以下四种功能。

(一)集中注意

当小学科学教师提出问题时，学生的注意力集中到问题上，他们的心理活动指向学习内容，有意注意得到强化与巩固。学生形成回答问题的自觉意识，从而自然地进入学习状态。

(二)温故知新

小学科学教师的提问是建立在学生已有认知基础上的，学生回答问题的过程也是

① 王较过、张红洋：《中学物理教师教学技能》，39 页，西安，陕西师范大学出版社，2016。

② 欧阳俊：《小学科学课堂有效性提问的策略》，载《科学咨询(教育科研)》，2016(3)。

对已学知识的回忆与再现过程。同时，提问为新旧知识的衔接架设桥梁，将新知识有机地同化到学生已有的知识体系。

(三)反馈评价

通过提问，小学科学教师可以检查学生的学习情况，探明学生认知体系里的迷思，全面了解学生的认知水平和个性差异，反省自身教学的不足，及时调整教学。同时，学生也可以通过问答了解自己的学习状况，改进自身的学习方法和计划等。

(四)提高课堂参与度

提问是小学科学课堂的一种召唤与动员形式，是教学中促使学生交流合作的聚合力量。提问可以促使学生共同讨论，相互激发思维，竞相抢答，为全体学生提供参与课堂的机会和氛围。

第二节
小学科学课堂提问的原则

> 爱因斯坦说过："提出一个问题往往比解决一个问题更重要。"一个高效的提问，可以启发学生思考，使学生情绪高涨、精神振奋；而一个低效的提问，只能惰化学生的思维，浪费珍贵的课堂时间。因此，小学科学教师在设计提问时，应当遵循提问的基本原则。
>
> ——后宗新：《有效物理课堂教学问题设计的类型与原则》，载《物理教师》，2014(7)。

有效的小学科学课堂提问需要教师创设良好的问题情境，引导学生积极思考、参与讨论，并对学生的回答给予及时反馈，并能更进一步发问，引发学生更深层次的思考。因此，优化小学科学课堂提问设计、提高提问的有效性尤其重要。好的课堂提问应当遵循以下四个原则。

一、针对性原则

小学科学课堂提问应当遵循针对性原则。教师在提问设计时，首先要明确本节课的教学目标，紧紧围绕教学内容、教学步骤来提问，这样才能有效避免提问的随意性和盲目性；[①] 其次要保证问题表述的清晰性和准确性，提问所用的语言既要科学准确，也要简单明了；最后要考虑问题能否与本地区、本校资源有机结合，发挥本校、本地区自身的优势，使提问与学生的实际生活相联系。

例如，在讲授大象版四年级下册第六单元第二节"蜡烛会熄灭吗"一课时，教师可以这样设计提问：

教师：如果老师拿烧杯盖住点燃的蜡烛，蜡烛会熄灭吗？为什么？

学生：会熄灭，因为杯子里的氧气被消耗掉了，没法继续燃烧。

教师：那么如果老师在杯子边缘处垫上一个小木块，蜡烛还会灭吗？

学生：不会。

学生分组进行实验。

教师：同学们可以发现每组的实验结果都是蜡烛依旧熄灭，跟大家原本预想的不一样，大家现在有什么疑惑吗？

学生：为什么蜡烛还会灭呢？

教师：大家先说说为什么觉得蜡烛不会熄灭？

学生：因为烧杯外面的氧气可以从烧杯和小木块间的空隙进入杯子，这样就会帮助蜡烛继续燃烧。

教师：那现在外部的空气进不去是什么原因导致的呢？

学生：可能是杯子里产生了很多二氧化碳，所以外部的空气进不去。

从上述教学片段可以看出，小学科学教师要从学生熟悉的场景出发，围绕教学的重点、难点来提问，提问要有针对性，从而有效地吸引学生的注意，激发学生的思考。

二、层次性原则

小学科学课堂提问应当遵循层次性原则。提问的层次性指提问的设计符合学生的最近发展区，由浅入深，逐级进行提问。

例如，在讲授教科版小学科学教材二年级下册第一单元第二节"磁铁怎样吸引物体"一课时，教师设计了如下的课堂提问：

教师：大家看，我手里拿的是什么东西？

学生：磁铁。

教师：为什么我们叫它磁铁呢？

学生：因为它能吸引小铁钉。

教师：那么磁铁是不是只能吸引小铁钉？为什么它能吸引小铁钉呢？

---

① 林雅梅：《浅谈小学科学课堂教学中的提问艺术》，载《科学大众（科学教育）》，2019（9）。

学生：所有铁做的东西都能被吸起来，它能吸小铁钉是因为有磁性。

教师：这位同学答出了磁铁的本质。大家再看，老师这里有两块不一样的磁铁，为什么其中一块能吸引 10 个小铁钉，另一块只能吸引 1 个小铁钉？

学生：一个磁性比较强，另一个磁性比较弱。

教师：我们今天就来探究一下磁铁的磁性。大家想一想，如何才能直接观察到不同磁铁磁性的强弱呢？讨论一下。

学生：看看谁吸的铁钉多，看看隔多远就不能再吸引铁钉了……

教师：究竟这些方法是否可行，大家动手做做看。

在这个案例中，教师并没有直接给出磁铁的定义，而是通过层层递进的多个提问引发学生深度思考，最终促使其探究不同磁铁磁性的强弱，体现了提问的层次性。小学科学教师在提问时要注意，不能只是"一问一答"，在问答互动的适当时机应加入有深度的追问，因为追问可以促使学生进行更深的思考，促进学生科学探究能力的生成。

三、启发性原则

小学科学课堂提问应当遵循启发性原则。启发性指教师所提的问题能激发小学生的好奇心与求知欲，启发学生独立思考，学会提出问题、分析问题和解决问题，进而促进学生科学思维的发展。

要做到启发式提问，第一，小学科学教师要创设能吸引学生的问题情境，例如，在讲授粤教版小学科学教材四年级上册第一单元第三节"热往哪里传"一课时，可以构建这样的情境：几个小朋友正准备喝热水，提出问题："水这么热，要怎样喝下去呀？怎样才能让热水变凉一点呢？"继而顺利地引出"热往哪里传"的主题，为之后的探究做好铺垫。[①]

第二，教师要基于学生的已有经验和认知特点，精心构思具有启发性的问题，帮助学生开拓思维、积极思考。富有启发性的提问是教材没有直接给出答案，学生需要自行推导探究的问题，而且具有两层以上的思维层次，能促进新旧知识的衔接，能触发学生思维的兴奋点。

四、整体性原则

小学科学课堂提问应遵循整体性原则。提问的目的在于活跃全体学生的思维，小学科学教师提问时要做到全体参与。

---

① 杨楚贤：《科学课堂有效提问策略》，载《现代中小学教育》，2010(11)。

首先，无论学生举手还是不举手，教师都要保证每位学生有作答的机会；其次，对于课上注意力不集中的学生，教师可采取先提出问题让学生进行思考，后点名确定人选的形式，将学生的注意拉回课堂，让全体学生"统一步伐"；最后，由于男生和女生在智力、心理和身体发育等方面都存在差异，教师在提问时要注意男女生在思维上的差异。

【案例】

主题：苏教版小学科学三年级下册第三单元第四节"使浮的物体沉到水里"。

教师：同学们，今天老师带来一个漂流瓶，并往漂流瓶里面灌一点空气，再把盖子塞上（展示漂流瓶，并演示灌空气）。假如这个时候，把它放到水里，你觉得它是沉下去还是浮起来？

学生：我觉得是沉下去。

教师：好的，我们来试一下。（演示把漂流瓶放进水里。）

教师：沉下去还是浮起来？

学生：浮。

教师：浮。一半露在水上面，一半露在水下面，这也叫……？

学生：浮。

教师：有什么办法可以让这个浮的漂流瓶沉到水里？

学生：把漂流瓶里灌满水，放入砝码……

教师：刚才讲的方法有共同点，这个共同点是什么？

学生：都是通过一个物体，帮助它沉下去。

教师：具体来说？

学生：就是把一个物体放到漂流瓶里面，让它的重量加重，然后就沉下去了。

教师：我们把这种方法叫作瓶内加重物。（板书：瓶内加重物。）那么，除了瓶内加重物，还有什么办法？

学生：在瓶外加重物。（板书：瓶外加重物。）

教师：原来浮的东西，要让它沉到水里，很简单，加点重量。生活中有哪些东西，原来是浮着的，加了重量，它就往下沉了？

学生：科学课上用的烧杯，之前是浮的，在里面放一些东西，烧杯就沉下去了。

教师：还有例子吗？

学生：独木舟，我和爸爸妈妈去划船时发现，人一上船，船就沉下去了。

教师：本来只能坐一个人，坐两个人，船就沉下去了，就是这个原理。还有其他的例子吗？

…………

【学习任务】

请分析上述案例，思考：案例中提问环节的问题设计是否合理？课堂提问需要遵循哪些原则？

第三节
小学科学课堂提问的类型

> 课堂提问是重要的互动环节，因此小学科学教师在设计提问环节时，应当以学生为本，关注学生的个体差异，根据课堂情况和学生状态提出各类问题并加以解决，这样才能发挥课堂提问的功能，从而提高课堂的教学效率。
> ——左雷：《课堂教学提问的分类综合艺术》，载《小学教学参考》，2018(17)。

小学科学教师提问的方式按照不同的分类标准可以划分为不同的类型。按提问的认知水平来分类，可分为识记性、理解性、应用性、分析性、综合性、评价性六种。[1] 按问题答案的唯一性来分类，可以分为封闭式提问和开放式提问两种。[2] 下面就以这两种分类为主线，详细阐述小学科学课堂提问的类型。

一、按提问的认知水平分类

根据布鲁姆认知目标分类理论，提问可分成识记性、理解性、应用性、分析性、综合性、评价性六个认知水平的提问。

(一)识记性提问

识记性提问是最低水平的提问，学生通过回忆已学知识或结合日常生活的经验即可作答，一般用于课堂导入阶段。例如，在讲授教科版小学科学教材三年级上册第二单元第四节"空气有质量吗"一课时，教师可使用识记性提问："关于空气，你都知道什么呢？"学生回答："空气是无色无味的气体。"

---

① 裴大彭、任平：《课堂教学中的提问技能》，载《人民教育》，1994(4)。
② 单莺：《浅谈小学英语课堂中的科学提问》，载《英语广场(学术研究)》，2014(9)。

(二)理解性提问

理解性提问多用于科学现象或实验结果解释的环节，提问带有鼓励性，学生用自己的语言表达他们对科学事实和概念的理解，常用的开头语有"请举例说明"或"解释"等。例如，在讲授教科版小学科学教材四年级上册第一单元第二节"声音是怎样产生的"一课时，教师可使用理解性提问："大家想想看，为什么在水里我们也可以听到声音？说说你的看法和理由。"

(三)应用性提问

应用性提问主要帮助和考查学生运用所学的概念、规则或定律等解决一些简单的科学问题，或者解释生活中的科学现象，常用的开头语有"解决""运用""构想"等。例如，在讲授教科版小学科学教材三年级上册第三单元第四节"测量降水量"一课时，教师可采用应用性提问："我们可以运用雨量器来测量一场雪的降水量吗？如果不能，那应该怎样测量呢？说出你的想法。"

(四)分析性提问

分析性提问主要让学生把所学的新知识分解为不同的部分，并引导学生分析各部分之间的联系。这类提问能很好地发展小学生的分析思维，培养他们从多个视角分析问题的能力，常用的开头语有"有什么区别""为什么"等。例如，在讲授教科版小学科学教材五年级下册第二单元第七节"制作与测试我们的小船"一课时，教师在学生分组汇报实验结果后，可使用分析性提问："大家都分组做完实验了，老师有个疑惑，每组的小船都是一样的，硬币也一样重，为什么有的小船上能够放五枚硬币，有的就只能放三枚呀?"通过查找问题原因，学生回顾并分析自己的操作过程。

(五)综合性提问

综合性提问主要用于培养小学生的高阶思维。回答这类问题，学生不仅需要记住知识，还需要拥有分析、类比和归纳等思维能力。常用的句式有"加入……会有什么变化?""为了……我们应该……?"等。例如，在讲授苏科版小学科学教材五年级下册第四单元第三节"日益减少的矿物资源"一课时，教师使用了综合性提问："为了保护日益减少的矿物资源，我们应该做些什么呢?"

(六)评价性提问

评价性提问主要用于提高学生的判断和评价能力。在开展评价性提问之前，学生需要建立初步的科学观念，作为他们评价的依据，常用的句式有"如果……结果还会一样吗?""你同意……吗? 为什么?"等。例如,教科版小学科学教材四年级上册第二单元第八节"食物在身体里的旅行"一课,在模拟食道实验时,教师可采用评价性提问:"如果放入管子里的食物是一小块苹果,那它还会像馒头一样被顺利运输吗? 为什么呢? 什么样的食物容易被运输呢?"

在小学科学教学中,每种类型的提问对学生学习所起的作用各不相同。小学科学课程的目的在于培养学生的核心素养,主要是指学生在学习科学课程的过程中,逐步形成的适应个人终身发展和社会发展所需要的正确价值观、必备品格和关键能力。在学生认知水平较低的阶段,识记性、理解性、应用性提问可以辅助学生记忆和理解所学的新知识。[①] 当学生的思维达到一定水平后,就可以充分发挥分析性、综合性、评价性提问的作用,推动学生思维的发展,培养学生的科学素养,避免提问流于表面和形式。

二、按问题答案的唯一性分类

根据问题答案是否固定唯一,提问可被分为封闭式提问和开放式提问两种。

封闭式提问有标准答案,提问方向明确,要求学生按照指定的方向思考。例如,在学习教科版小学科学教材三年级上册第一单元第四节"冰融化了"一课时,教师提问:"冰融化成水的原因是什么?"这类问题就属于封闭式提问,它可以帮助教师了解学生掌握知识的情况。

开放式提问则要求学生向不同的方向思考,可能有多个正确答案,或者根本没有标准答案。这类提问方向发散,答案也不固定。例如,在学习教科版小学科学教材三年级上册第三单元第八节"天气预报是如何制作出来的"一课时,教师提问:"天气预报对我们的生活具有什么样的意义呢?"这类问题属于开放式提问,它有利于激活学生的思维,增强学生的创新意识。

封闭式提问和开放式提问各有所长,因此,在小学科学教学中,教师要调整好封闭式提问和开放式提问的比例。如果大量使用封闭式提问,由于小学生的思维水平不高,常常不能准确回答教师的问题,则会打击学生学习的自信心,使师生对话陷入僵局。

【讨论与交流】

还可以从哪些角度对小学科学提问进行分类呢?

---

① 曹绮萍:《提问的分类——外语课堂教学的一项技巧》,载《山东外语教学》,1990(3)。

第四节
小学科学课堂提问的策略

《论语·述而》写道："不愤不启，不悱不发，举一隅不以三隅反，则不复也。"在小学科学课堂中，教师既要勤问、多问，也要善问、会问，只有掌握了提问的基本策略，才能发挥课堂提问的最大作用，激活学生的思维。

提问是小学科学教学开启学生思维之门的有效方法之一，精巧的课堂提问能活跃课堂气氛，激发学生的学习动机，但如果教师使用的提问策略不当，反而会阻碍学生的思维，使课堂"冷场"。[①] 为了提高课堂提问的效率，小学科学教师需要掌握一些基本提问策略。

一、发问策略

发问是小学科学课堂提问的起始环节，好的发问能够迅速激活学生的思维，让其快速进入学习状态。教师在发问时应当注意以下三个方面。

(一)面向全体学生

在小学科学课堂中，教师应充当引导者的角色，在发问对象的选择上应做到公平公正，不能掺入个人情绪，要让每位学生都有表达自身观点的机会。教师在课堂上的任何行为都会无声地影响学生，教师应创设相互尊重、平等和谐的学习氛围，使学生更加积极主动地参与问题的思考与讨论。

教师要做到面向全体学生，一要组织学生仔细倾听提问，引导学生参与并确认问题，保证所有学生都准确领会问题，即使直接参与回答的只有个别学生，但教师也应引导所有学生做好被提问的准备。

二要注意"区别对待"。有些学生的接受能力较强，有些学生的接受能力较弱，教师在发问时应做到心中有数，把握提问的"度"。对理解能力偏弱的学生，教师应多问一些记忆、理解水平的基础性问题，问题包含的信息量也要小。对理解能力较好的学生，教师可多问一些难度较高的问题，问题包含的信息量也可大一些。研究表明，如果学生对教师的大部分提问都无法作答，就会把提问视为一种惩罚。总之，教师的发

---

① 徐旦：《浅谈小学低年级科学课堂提问的优化》，载《华夏教师》，2020(16)。

问应尽量满足所有学生的学习需要。

(二)抓住最佳发问时机

子曰："不愤不启，不悱不发。"在小学科学课堂中，教师必须抓住最佳发问时机，发问效果才能最好。最佳的发问时机就是朱熹所说的"心求通而未得之意""口欲言而未能之貌"的状态，此时学生思维活跃，能快速对教师的发问做出反应。

例如，在讲授教科版小学科学教材三年级上册第一单元第七节"混合与分离"一课时，不少学生会认为烧杯里的水蒸发后，原本溶于水中的盐也会一起蒸发。但在实验时，学生发现水蒸发后，蒸发皿里剩下少许白色的颗粒，这与他们原有的认知相冲突。有的学生认为白色颗粒就是原本在水中的食盐，有的学生认为这是其他物质。这时教师应及时提问："大家认真观察这些白色颗粒，比较一下和食盐有什么异同?"学生将白色颗粒与食盐在大小、形状、颜色上进行对比，再品尝味道，进行溶解实验，找到白色颗粒就是食盐的证据。这就是"最佳时机"的提问，不仅能激发学生的探究欲望，也能培养其证据意识。

(三)注意发问的顺序和语态

教师在发问前要提前设计好发问的顺序。在内容上，教师应注意科学知识的逻辑顺序，层层递进，环环相扣，由科学现象到科学本质，引导学生的思维逐步深入;在形式上，避免按班级座位的顺序点名，应打乱顺序，看似"随机"实则"有序";同时，要先提出问题，后选择学生回答，否则被点名的学生因为不知道问题而忐忑不安，剩下的学生则感觉这个问题与自己无关而袖手旁观，不再积极地思考问题。

教师发问的语态也很关键。学生在被提问时很容易紧张、不知所措，教师温和且幽默的发问能缓解学生的紧张情绪，使其更好地表达观点。比如，教师可以在提问末尾加上："你是怎么想的呢?""你同意老师的说法吗?"教师还可以将提问进行延伸，制造进一步问答的契机，如:"你是怎么想到这样做的?"若教师再加上一些鼓励的语气和神态，学生的答案可能更加丰富，也能促使原本不愿回答的学生积极参与。

二、候答策略

教师在发问之后，要留出足够的时间让学生思考。发问之后的等待和倾听学生作答的过程被称为候答。

小学科学教师在提问互动环节应当基于问题的难易度合理设置候答时间，不可以"一刀切"。识记性问题可适当缩减候答时间，因为这种问题学生的思维加工时间较短。理解性与应用性问题则需要多给学生留一些思考和讨论时间。候答时间的设置还应考虑学情，要综合考虑班级学生的认知特点、学习习惯、接受程度和兴趣爱好等。

例如，在讲授苏教版小学科学教材六年级上册第四单元第三节"看星座"一课时，教师提出问题："大家看，图片上展示的星座都很相像，我们如何才能确定观察的是同一个星座呢?"这一问题的难度较大，需要教师安排长一点的候答时间，学生讨论交流后才能给出完整的答案。当教师提出"你是什么星座呢? 来简单介绍一下好吗?"这种简单的问题时，则可缩短候答的时间。

【拓展阅读】第一等待时①

教师在提出问题后的候答时间也被称作"第一等待时"。心理学家罗伊通过实验提出，第一等待时的延长会使学生的回答产生以下变化：
①学生回答问题的时长有所增加。
②学生愿意给出更多的回答，不能回答的现象减少。
③学生提出的证据更多。
④学生收集资料的活动次数增加。
⑤反应较慢的学生能提出更多的观点。
⑥学生的自信有所增加。
⑦学生的思辨能力有所增强。
⑧违纪现象减少。
⑨笔试中较为复杂题目的成绩有所提高。

通过测定，随着候答时间的延长，学生回答的词汇量可增加 $400\%\sim800\%$，例如，学生回答某个问题的平均用词量原本只有 $5\sim8$ 个，候答时间延长之后则增加到 40 个以上。此外，等待时间的设置还与学生的认知速度密切相关。

【学习任务】

想一想，如何依据不同的教学内容设置第一等待时?

三、理答策略

理答即教师对学生的回答做出反应，是课堂提问的最后环节。在提问理答的过程中，小学科学教师可采用以下常见的策略。

---

① 邵光华：《小学课堂教学技能训练》，89页，北京，高等教育出版社，2011。

(一)积极评价和消极评价

教师对学生的积极评价包括表扬、采纳学生的观点等。表扬就是对学生的作答进行赞赏、鼓励。表扬时教师要注意用语和对象，避免学生认为只有优秀者才会被表扬。表扬也不宜过于频繁，否则效果也会变差。采纳学生的观点是结合学生的回答进行接下来的教学，具体来说就是认可学生的观点，对它加以修改、比较或总结。教师对学生的消极评价包括反对、批评等。消极评价也有其适用的场合，但考虑到小学生的心理承受能力不强，教师要设置好底线，把握好消极评价的度，以不损害小学生的自尊心为准。

【案例】

主题：教科版小学科学教材五年级上册第三单元第三节"我们的水钟"。

教师：大家都知道哪些计时的方式？

学生：用沙漏计时。

教师：很好，现在仍然有很多地方使用沙漏计时。

学生：用花钟计时。

教师：这位同学知识真多，"花钟"这个概念是瑞典植物学家林奈提出的。他在实验中观察到各种植物开花的时间受到生物钟的影响，生物钟可以影响花朵的开放、树叶的休眠等。让我们来看一下花钟的图片，还有同学知道其他的方式吗？

学生：用水钟计时。

教师：你可真聪明，像一个科学小博士！请你给同学们说说水钟是如何计时的。

学生：水钟的内部安装了一个滴水的仪器，上面装有转轮，由于一定时间内滴入的水量相同，所以能够计时。

上述教学片段的理答属于积极评价，教师在给予学生肯定的同时，还侧面激励了其他学生积极参与回答，营造了良好的课堂气氛。

(二)追问、反问、转问、探问

追问即进一步提问，让问题的难度再上一个台阶，是一种在教学中惯用的理答方式，合理地运用追问能促进学生对问题进行深度理解。

反问即向学生提问来否定学生现有的回答，如"真的是这样吗？""没有问题吗？"等，引导学生改变原本错误的思路。

转问主要是在学生回答不出来或回答错误时，教师不急于否定，而是把同一问题向其他学生发问，如："谁还有其他想法？""还有补充吗？"这样处理能鼓励全体学生一起思考。

探问就是当学生因为问题情境过于复杂、认知水平不足等因素而无法作答时，教师重新编排问题措辞，变换问题角度，让学生再次作答。如果学生回答无误，教师可以再抛出一个问题，在已有答案的基础上进行追问。

（三）二次组织

二次组织指教师对学生的回答进行重新组织并表达，最终展示一个完整、清晰、正确的答案。教师的二次组织可以让学生明确他们回答的正误，避免将错误答案当作正确的。此外，二次组织也可以作为一种学业反馈，正向影响学生的成绩。

在小学科学课堂上，对于不同的学生、不同的回答，教师的理答策略也应有所调整。当学生的发言出现错误时，教师应辩证地看待学生的回答，及时给出积极的评价，以保护学生在课堂上回答问题的积极性，并鼓励学生继续认真思考。对于学生快速给出的正确回答，教师要先对学生表示认可，在必要时给予表扬，如"特别好""真厉害"，同时通过追问来检查学生是否真正知道答案。

对于班级里学习较好的学生，即使回答得好，教师也要控制表扬，同时进行追问，少而精的表扬会使学生迈向更高水平；对于班级的大多数学生，教师要找出他们身上的闪光点，逐个给予肯定；对于自信心不够的学生，教师要安排一些简单的问题，答对了就给出表扬，答错了就采用探问的方式，让他们逐步走出认识的误区，直至答对。

小学科学课堂常出现一种现象：一些学生喜欢抢着回答，但他们常常回答错误，甚至影响正常的教学流程。这时教师不能批评与斥责，可以委婉地提醒："老师对你愿意举手回答问题感到非常高兴，如果你再仔细想想，就能回答得更好了，继续加油！"教师的积极评价既保护了学生的自尊心，又指出了他的不足之处。

总之，课堂上的每一处提问，小学科学教师都应尽可能地预设学生做出的回答，这样教师在实际的教学中才能多一分应对自如的气度，使得理答越来越精彩、有效。[①]

本章小结

> 课堂提问是促进学生思维、培养学生创新意识的重要方式。本章内容主要从小学科学的特点出发，详细阐述小学科学提问的含义；然后基于小学科学的特点，提炼出小学科学提问的四个基本原则；再结合已有研究，总结小学科学提问两种常见的分类；最后阐述小学科学教师需要掌握的发问、候答、理答策略。本章系统地梳理了小学科学提问的相关概念和环节，针对不同提问原则与类型提供了相应的教学案例，以期帮助小学科学教师更好地理解与

---

① 李如密、刘巧叶：《教学理答艺术：内涵、功能、要求及优化》，载《教育学术月刊》，2013(9)。

掌握课堂提问技能，进而提高小学科学课堂的教学效率。

思政内容

　　好的提问如同一条纽带，将师生的认识和情感紧密联系在一起，架起师生沟通的桥梁；同时活跃课堂氛围，引导学生思考，促进课堂教学的和谐发展。本章涉及的思政内容有：教师应以学生的日常经验为基础设计课堂提问，树立将问题情境与实际应用相结合的科学观念，营造宽松的课堂氛围，发挥学生的主体作用，让学生成为课堂教学的主体，培养学生独立思考的习惯。正如陶行知所言："智者问得巧，愚者问得笨。人力胜天工，只在每事问。"[①]教师应从整体出发，针对课程的难点、困惑点设计出有一定难度且具新颖性的问题，并留给学生足够的思考时间。教师应关注学生的回答，开拓思维，激发想象，进而帮助学生提出一系列与之相关的新问题。正如哲学家穆尔所言，有一大堆问题的学生才是最好的学生。[②] 要想让学生成为课堂提问真正的主体，教师应鼓励学生发问，让学生自己暴露对所学知识理解上的错误，并与学生进行互动，引导学生主动思考、解决问题，进而培养其探究精神。

章后练习

　　1. 提问在小学科学教学中的主要作用是什么？

　　2. 小学科学课堂提问的基本原则有哪些？除了本章提到的，你认为还应该遵循哪些原则？

　　3. 请分析下列案例涉及的提问都属于哪种类型。

　　主题：养蚕经验交流会。

　　①开门见山，谈话导入课题（约 2 分钟）。

　　谈话导入：同学们，已经过了一个月的时间，大家的蚕宝宝都长大了吗？大家这段时间一定都积累了很多感想吧？今天我们开一个经验交流会。

　　②讨论收获，交流养蚕过程（约 10 分钟）。

　　师生谈话，高效交流养蚕过程。

　　教师：同学们，我们要比一比，谁养蚕的本领最强，先来看看你们对蚕有多少了解。根据大家这节课的表现，我们最后会评出"养蚕达人"。

　　教师明确发言注意事项。

① 陶行知：《陶行知全集》第 7 卷，49 页，成都，四川教育出版社，1991。

② 王平杰：《莫让教师成为落伍的"罗素"》，载《教育理论与实践》，2008(6)。

教师：同学们，你们对介绍的同学有什么要求吗？

学生：声音洪亮，充满激情，内容充实。

教师明确听讲注意事项。

教师：你们觉得听讲的人应该怎么做？

学生：认真倾听，做出适当的评价。

学生交流养蚕经验。

教师：和蚕宝宝一起相处了这么久，大家有哪些感受想分享一下？

学生交流。

③多种记录方式，展示蚕的一生（约13分钟）。

教师：现在蚕宝宝已经离开大家了，你可以用什么办法来怀念它们呢？

学生：记录。

教师播放视频：昆虫的变态发育过程。

学生用多种方式表述蚕的一生，形成变态发育的概念。

学生画图展示或实物展示：各小组将自己的展示材料放在小组课桌上，供其他小组的同学参观分享。教师引导得出变态发育的概念（板书：变态发育）。

教师过渡：还有一些动物像蚕一样，一生有多次变化。

④对比蝴蝶，拓展认识昆虫的变态发育（约10分钟）。

教师播放视频：蝴蝶一生的变化过程。

教师提问：你能把蝴蝶一生的变化画出来吗？

学生尝试画图。

教师提问：蚕蛾和蝴蝶有哪些相同和不同的地方？

学生交流，归纳出昆虫的共同特点和结茧的不同（板书：昆虫）。

教师拓展：还有哪些昆虫是变态发育的？

教师点明完全变态和不完全变态都是变态发育。

4. 以教科版小学科学教材三年级上册第一单元第一节"水到哪里去了"为例，设计一个课堂提问环节，帮助学生理解水的蒸发现象。

延伸阅读

　　[1]胡淑珍．课堂教学技能[M]．北京：团结出版社，1993．

　　[2]皮连生．教学设计：心理学的理论与技术[M]．北京：高等教育出版社，2000．

　　[3]邵光华．小学课堂教学技能训练[M]．北京：高等教育出版社，2011．

　　[4]王陆，张敏霞，冯涛．课堂提问主体转向的机理分析[J]．课程·教材·教法，2022(8)：107-114．

　　[5]卢正芝，洪松舟．课堂提问主体转向学生的教学论意义[J]．中国教育学刊，2010(8)：43-45＋56．

　　[6]杨宁．学生课堂提问的心理学研究及反思[J]．湖南师范大学教育科学学报，2009(1)：96-99＋106．

　　[7]范永丽．小学教师课堂提问艺术的理性思考[J]．教育理论与实践，2006(18)：49-51．

　　[8]邵怀领．课堂提问有效性：标准、策略及观察[J]．教育科学，2009 (1)：38-41．

第六章

小学科学实验技能

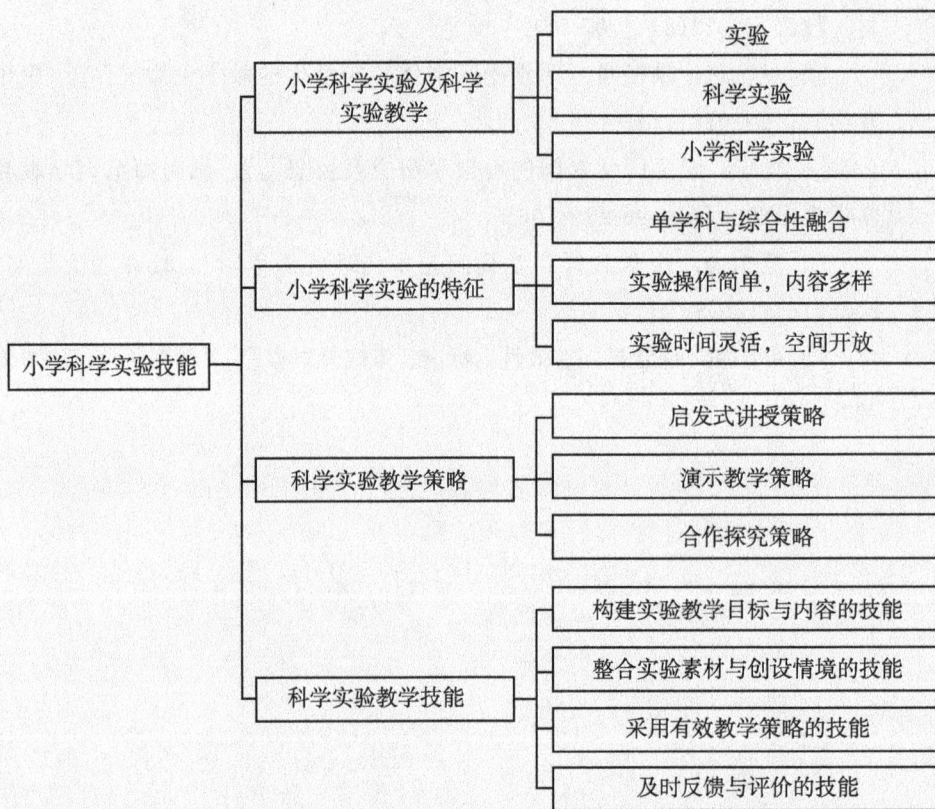

```
                                      ┌─────────────────────┐
                    ┌─小学科学实验及科学─┤        实验          │
                    │   实验教学        ├─────────────────────┤
                    │                  │      科学实验        │
                    │                  ├─────────────────────┤
                    │                  │    小学科学实验      │
                    │                  └─────────────────────┘
                    │                  ┌─────────────────────┐
                    │─小学科学实验的特征─┤  单学科与综合性融合  │
                    │                  ├─────────────────────┤
                    │                  │ 实验操作简单，内容多样│
小学科学实验技能──────┤                  ├─────────────────────┤
                    │                  │ 实验时间灵活，空间开放│
                    │                  └─────────────────────┘
                    │                  ┌─────────────────────┐
                    │─科学实验教学策略──┤     启发式讲授策略    │
                    │                  ├─────────────────────┤
                    │                  │     演示教学策略      │
                    │                  ├─────────────────────┤
                    │                  │     合作探究策略      │
                    │                  └─────────────────────┘
                    │                  ┌─────────────────────┐
                    │                  │构建实验教学目标与内容的技能│
                    │                  ├─────────────────────┤
                    └─科学实验教学技能──┤整合实验素材与创设情境的技能│
                                      ├─────────────────────┤
                                      │采用有效教学策略的技能│
                                      ├─────────────────────┤
                                      │及时反馈与评价的技能  │
                                      └─────────────────────┘
```

本章概述

在小学科学课程中，实验是不可缺少的一部分，是科学区别于其他学科的重要特征。本章重点介绍小学科学实验及科学实验教学的相关概念、小学科学实验对小学生科学素养提升的重要价值、科学实验教学策略及科学实验教学技能，帮助小学科学教师提升实验教学能力。

第一节
小学科学实验及科学实验教学

　　小学科学是培养学生科学素养的启蒙课程，让学生从小学习科学、热爱科学，学会用科学更好地认识自然、亲近自然，获得智力的开发。科学教师要深刻理解科学实验对学生的发展产生的作用，对学生进行实验教学，这样才能完整有效地上好科学课。

　　在教学中，实验和实验教学是经常出现的名词。但很多小学科学教师对实验的概念是十分模糊的，无法清晰地表达实验是什么。例如：观察蚂蚁是实验吗？显微镜的使用是实验吗？探究活动是实验吗？区分什么物体能导电是实验吗？因此，有必要帮助教师澄清实验的概念。

一、实验

　　东汉王充在《论衡》中写道："等类众多，行事比肩，略举较著，以定实验也。"这里的实验意为实际的效验。北齐颜之推在《颜氏家训》中写道："昔在江南，不信有千人毡帐；及来河北，不信有二万斛船：皆实验也。"这里的实验意为实际的经验。《现代汉语词典（第7版）》对实验的界定是：为了检验某种科学理论或假设而进行某种操作或从事某种活动。实验本身是理论和实际相互作用的形式之一，既是判断认识是否正确的标准，又是科学认识的基础。

　　在已有文献中也有一些关于实验的定义。许定奇、孙荣文将实验定义为："实验是人们根据研究目的，利用科学仪器和设备，人为地控制或模拟自然现象，排除干扰因素，突出主要因素，并在有利的条件下研究自然规律。"[1]大卫·杰纳·马丁在《建构儿童的科学：探究过程导向的科学教育》一书中写道："实验是指人们操作改变某一变量，观察其对另一变量的影响的科学过程。在实验中，会运用到所有的科学过程。"[2]这些实验过程即观察、分类、控制变量、假设或猜测，收集与分析数据、得出有效结论及其他所有需要的过程等。

---

　　[1]　许定奇、孙荣文：《科学实验导论》，4～5页，东营，石油大学出版社，1990。

　　[2]　[美]大卫·杰纳·马丁：《建构儿童的科学：探究过程导向的科学教育》，杨彩霞、丁开莲、洪秀敏等译，177页，北京，北京师范大学出版社，2006。

由此我们可以看出，实验就是根据一定的研究目标和研究任务，运用仪器设备和手段，在人为干预和控制之下，观察研究事物本质规律的一种实践活动。这是人类探索未知世界的一种活动方式，也是认识客观世界的一种方法。

二、科学实验

毛泽东在《人的正确思想是从哪里来的?》中提到："人的正确思想，只能从社会实践中来，只能从社会的生产斗争、阶级斗争和科学实验这三项实践中来。"[1]

张余金在《科学方法论》中讲道："科学实验是人们按照一定的研究目的，利用科学仪器、设备，在人工控制的条件下对自然现象或过程进行观测、研究的一种实践活动。"[2]

由此可见，科学实验是人们进行科学认识的基本方法。在现代实验活动中，观察和实验是密不可分的，科学实验已经成为人们认识自然、改造自然的重要手段。

三、小学科学实验

2019 年，《中共中央 国务院关于深化教育教学改革全面提高义务教育质量的意见》和《教育部关于加强和改进中小学实验教学的意见》先后以纲领性文件的形式指出中小学应加强实验教学。

小学科学实验实际上是科学学科的实验，我们不能直接把其认定为科学实验。小学科学实验教学是利用科学教学的实验来进行教学。小学科学涉及物理、化学、生物、天文和地理方面的知识，因此也涉及这些学科的相关实验。

小学科学实验是教师进行有目的、有计划的引导，利用身边的资源，创造教学情境，让学生亲身体验实验过程，以培养学生科学探究的能力，使其形成科学的世界观和方法论的教学活动。

与其他小学学科相比，实验是科学课最明显的特征。实验教学对培养学生提出问题、解决问题的实践能力和创新精神有重要作用。另外，高质量的实验教学有利于提升学生的科学素养，促进科学课程目标的有效达成。

【讨论与交流】

小学科学实验与科学实验有何区别?

---

① 《毛泽东文集》第八卷，320 页，北京，人民出版社，1999。
② 张余金：《科学方法论》，22 页，北京，劳动人事出版社，1988。

【案例】

主题：教科版小学科学教材二年级下册"磁铁怎样吸引物体"。

设计思想：二年级学生大多玩过磁铁，对磁铁有一定的认识，但没有形成磁铁有磁性的概念。他们知道磁铁能隔着物体吸铁，但往往认为磁铁能隔着所有物体吸铁。教材设计的"磁铁能吸引什么物体?""磁铁能隔着物体吸铁吗?"两个验证性实验在操作上是简单的，而从学生的认知和思维层面看，则能强化学生的认识，修正错误的看法。

教学目的：用实验方法研究磁铁能吸引什么物体，掌握识别物体是否含有铁的方法；根据材料设计实验，研究磁铁隔着物体能否吸铁。

实验活动一：磁铁能吸引什么物体?

教师：今天老师带来了一些物体，银白色的是铝条，这个黄色的是铜条，还有橡胶皮、回形针、塑料片、木片等，大家预测一下，这些材料中，哪些是能被磁铁吸引的，哪些是不能被磁铁吸引的? 材料袋中有一张记录表，这些物体的名称都在这张表格上，小组讨论预测，如果认为这个物体可以被磁铁吸引，就由记录员在预测栏打个钩；认为不能被磁铁吸引，就打个叉。下面我们试试看。各小组的实验结果由记录员填在"实验结果"这一栏里。

各组同学汇报实验结果：磁铁能吸引铁做的物体。

板书：磁铁能吸铁。

实验活动二：硬币里含有铁吗?

教师：硬币是我们生活中常用的物品，下面我们就来试一试，看一看它里面有铁吗，磁铁能吸起它吗? 这里还有一堆废旧材料，如茶叶筒、圆珠笔等。他们中有一部分是铁做的，表面上看很难分辨出是不是含铁材料。我想把其中的铁材料回收，你们能不能帮老师看一下，哪些是含铁材料做的? 请同学说说自己的猜测并用磁铁验证。

教师：当我们在生活中不能确定某个物体是否含铁时，可以用磁铁吸一下。我们把磁铁能吸引铁的这种性质叫磁性。

实验活动三：磁铁隔着哪些物体能吸铁?

教师：老师这里有一个试管，试管里有一个回形针，老师想把这个回形针拿出来，但不能倒立试管，你有什么办法?

学生：用磁铁吸。

学生上台演示磁铁隔着试管也能吸引回形针。

教师：材料袋里有木片、塑料片、布、橡胶皮等，磁铁隔着这些物体是否也能吸引回形针呢?

学生总结：磁铁隔着一些物体也能吸回形针。

教师：老师这里还有一杯水，你们觉得隔着水磁铁能不能吸引回形针?

学生：磁铁隔着水也能吸引回形针。

教师：磁铁能吸引铁做的物体，而且隔着一些物体也能吸铁，你能不能利用磁铁的这个性质设计一款小发明，来提高我们的生活质量呢？比如，对于住高层楼房的人来说，擦玻璃窗是一件让人头疼的事，特别是外面的玻璃，既麻烦又危险，你能否利用磁铁的性质设计一款产品，使人在擦里面玻璃的同时也能擦到外面的玻璃？

上述案例中的教学实验是在一定的教学情境下，为达到"使学生掌握磁铁有磁性"这一教学目的而设计的。它包括一系列教学活动，如实验、观察、记录、讨论、交流、比较、归纳和总结等。这些具体的教学活动就是小学科学实验教学。

【拓展阅读】科学实验与科学教学实验之间的异同

科学实验是科学工作者的科学探索过程，科学教学实验是学生的科学学习过程。这两类实验都由实验者、实验对象和实验手段三个基本要素组成，都要经过实验的准备、实施和得到结果等基本阶段，都是认识的来源和动力。科学实验是科学实践的表现形式之一，而教学实验是一种重要的教学实践活动。这两类实验都离不开科学方法的指导，其中科学实验以实验方法论为指导，教学实验要接受实验方法论和教学论的共同指导。

科学实验的主体是科学工作者，而教学实验的主体是学生。科学实验的内容对科学工作者来说一般是未知的自然现象或新问题；教学实验的内容对学生来说虽然也是未知的，但对人类来说是已知的，而且是最基本的。科学实验的过程比较复杂，往往要经历数十次甚至上百上千次的失败，最后才有可能获得成功；教学实验一般在较短的时间内就可以得到实验结果，得出实验结论。[①]

第二节
小学科学实验的特征

> 小学科学实验教学是按照一定的教育目标、教学计划，在教师指导下，让学生在一定环境和条件下，观察和研究自然现象的运动变化，实现科学实验过程，从而深入学习基础知识、训练实验技能、开发智力、培养能力、逐步养成科学的世界观与方法论以及良好的科学素质的实践性教学过程。
>
> ——刘建平：《让科学流行起来：全国青少年科学教育与科学素养文集》，165页，长春，东北师范大学出版社，2017。

[①] 高翔：《小学科学实验教学概念的界定》，载《教学仪器与实验》，2016(32)。

一、单学科与综合性融合

小学科学实验内容涉及多个学科，包括物理中的力学、热学、光学、声学等实验，化学中的有机、无机、化工等实验，生物中的动物、植物、生理卫生等实验，还有天文、地理、数学等学科的实验。实验也有许多类型，有观察类实验、测量类实验和制备类实验等。

例如，教师带领学生探究"茎的疏导作用"这个实验时，只利用了生物学科的知识，属于小学科学中的单学科实验。其实验目的是：探究植物的茎具有输导水分和养料的作用。[①] 实验过程为：将芹菜的根部插入滴入红墨水的清水，1 小时后，观察芹菜茎及芹菜叶的叶脉变化，芹菜茎的纵切面可以看到红色的线条，即茎的导管。实验结论是：芹菜茎可以输导水分和养料。上述实验活动属于单学科实验，具有学科特色鲜明、实验现象简单明了、知识点跨度小等特点。

除上述单学科实验外，还有结合两个及以上学科内容的综合性实验。例如，"检测室内的二氧化碳"这一实验结合了生物和化学学科的知识：在关闭门窗的教室里，人越多，呼吸产生的二氧化碳越多；二氧化碳会使澄清石灰水变混浊。教师带领学生做一组对比实验，在两个都装有澄清石灰水的塑料瓶上插入导管，分别在人多的密闭教室环境中和课后通风的教室环境中进行实验，请一位学生用导管深深地吸气（吸 8～10 次），使室内的空气通过长玻璃管的外端进入瓶中的石灰水。[②] 教师让学生观察石灰水的变化情况，通过对比，学生发现通风的教室中的石灰水是澄清的，而密闭教室的石灰水明显变混浊。教师通过这个实验告诉学生，教室和其他房间一定要经常开窗通风换气，否则空气中的二氧化碳含量过多，会影响身体健康。可以看出，综合性实验涵盖的知识点相较于单学科实验更多，操作起来也较为复杂，实验现象不如单学科实验那样有明确的学科特色，需要学生认真仔细观察。教师在进行综合性实验时要引导学生，通过一些生活中的场景和现象培养学生的观察能力，让学生在生活场景中学习新知识，使学生在掌握知识的同时增加对生活的体验和理解。

单学科实验与综合性实验的融合能够增强学生学习科学的兴趣，趣味化的探究活动可以使学生的思维更加活跃，手脑得到更好的锻炼；同时还能充分调动学生学习的积极性，彰显小学科学教学独有的特色。

---

① 郭国维：《小学科学探究实验与评价》下册，17 页，石家庄，花山文艺出版社，2006。

② 郭国维：《小学科学探究实验与评价》下册，98～99 页，石家庄，花山文艺出版社，2006。

二、实验操作简单，内容多样

小学科学实验是小学生进行的实验，与其他物理、化学等实验的不同之处就在于实验的复杂程度和难易程度。小学科学实验在内容上要贴近学生的生活实际，操作上要简单直观，实验的材料也要简单易得。只有这样，实验才能激发学生的学习兴趣和内在动力，让每个学生都积极参与。

当前多媒体在教学中的应用已十分广泛，图片、声音及动画等可让学生更加直观、准确地感知实验现象。[①] 例如，在学习"声音"这个章节时，教师如果让学生凭空回想各种声音，对学生来说是有难度的。教师如果通过多媒体播放提前准备好的声音素材——虫鸣、雨声、汽笛声等，则能对学生的感官产生直接的刺激，从而在其脑海中留下关于"声音"的深刻印象。教师只有做到实验过程直观化、抽象问题具体化、复杂问题简单化，才能让学生更加自主地参与实验探究，逐步提升自己的认知能力水平。

教师除了要简化实验操作，也要根据小学阶段学生的年龄特征，组织开展内容更加丰富有趣的实验。[②]比如，在学习"浮与沉"这节课时，教师可以通过一个巧妙的游戏让学生参与实验。教师将学生分成若干小组，为学生提供泡沫板、橡皮泥、矿泉水瓶、石子等材料，让学生以小组为单位来设计小船，看看哪个小组的船可以承载更多的重物。这样的实验是充满乐趣的，学生小组间的合作与竞争既可以培养他们的团队精神，又能丰富实验的内容，让学生在有趣的实验中认识浮力的概念。这样的课堂可以让学生体验科学的魅力，更好地培养学生的科学探究能力。

让实验操作简单直观、内容丰富，让课堂紧密联系学生生活，让每个学生亲身体验科学课堂的魅力，是每位科学教师的责任，也是学生发展的需求。教师带领学生进行实验探究的过程中，应该发挥学生的主体性，给予学生充足的时间去探究，让他们对科学知识产生自己的认识和理解，从而在掌握科学知识的过程中提升学习能力。教师在教学过程中也应学会创设情境，调动学生学习的热情，使他们在学习中处于最佳状态。

三、实验时间灵活，空间开放

小学科学教师需要充分利用已有科学教育课程资源，除了学校提供的实验场所和设备，还有家庭资源及社区资源。实验不仅可以在室内做，也可以在室外开放的场所

① 王玉梅：《探究提高小学科学实验教学效率的策略》，载《天天爱科学（教育前沿）》，2021(12)。
② 张鹂：《提高小学科学实验教学有效性的思考》，载《求学》，2021(32)。

进行；实验不仅可以课上做，也可以在课后做，由学生利用自己身边的资源做。比如，在上"物体的位置"这一课时，教师要让学生建立起"可以通过某个物体相对于另一个物体的方向和距离来描述这个物体的具体位置"这一概念，学生对于教室的环境已经非常熟悉，而且教室的空间小，可参照的物体少，因此可以安排学生到校园中各个教学楼、操场等地方进行活动，这样能让学生更好地理解位置的概念。

由于有些实验学校无法为学生提供全部器材，或者实验本身需要耗费太多时间，课堂时间有限无法完成，教师则需要给予学生更加开放的实验环境，让他们走出教室，投身于自然，到生活场景中，利用身边一切资源来进行实验活动。

第三节
科学实验教学策略

> 科学实验是科学教学中学生获取科学经验知识和检验科学知识的重要媒体和手段，能为学生形成科学基本概念和科学基础理论提供感性认识的材料，能激发学生的认识兴趣、积极性，能有效地培养和发展学生的观察能力及思维能力，有助于对学生进行唯物主义和辩证法的教育，能培养学生严谨的科学态度。
> ——冯克诚：《小学科学实验教学指导》，8 页，北京，人民武警出版社，2011。

小学科学实验是教师在科学教学中帮助学生更好地掌握科学知识、形成基本科学概念的重要手段。科学实验不仅可以激发学生的学习兴趣，培养学生的创造力，提升学生的思维水平，还可以帮助学生形成严谨的科学态度，掌握科学的实验方法。小学科学教师在进行科学实验教学时应当掌握一定的方法和手段，充分了解小学阶段学生的认知水平，用合理的方法组织教学内容、开展教学活动，从而使学生获得更好的发展。通常，教师在小学科学实验教学中可以采用以下三种策略。

一、启发式讲授策略

对于实验操作，大多数学生很感兴趣并乐于加入。教师要充分抓住学生的心理，从各方面有效调动学生参与实验。在实验教学策略中，教师的启发式讲授是起主导作用的。教师通过对实验的讲授，可以帮助学生快速了解实验的实施方法，帮助学生更好地理解实验的学习目的，从而有效启发和引导学生更好地投入实验。在实验中，教师要紧密联系教学内容，对实验事实进行及时的引导与总结。例如，教师在讲解苏教版三年级上册"热空气和冷空气"实验时，启发式讲授尤其重要，教师需要通过言语帮助学生回顾上节课学习的内容，以空气的流动性引入空气受热和受冷时的流动状态，指导学生进行观察和实验。教师不仅要讲授实验操作步骤、实验注意事项，还要指出在实验过程中可能产生的问题。比如，点火枪要轻拿轻放，火焰不能对着他人或自己，用完点火枪后需要将其放入材料盒，以及准确记录所观察到的现象，等等。当学生在实验中遇到困难，教师可以帮助其分析、总结产生问题的原因。在进行讲授的过程中，教师要从实验本身的特点出发，针对学生实验的实际情况，从学生的思路和操作方法上思考，以排除他们在实验中可能遇到的障碍。[1] 总的来说，教师在讲解实验的过程中，首先要直击主题、条理清晰；其次要善于引导和启发，明确实验的操作要领，便于学生记忆；最后要充分预估实验中可能出现的安全问题，做到防患于未然。

【拓展阅读】小孔成像研究的发现[2]

2016 年 8 月 16 日，我国成功发射世界首颗量子科学实验卫星"墨子号"。该量子卫星为什么被命名为"墨子号"？潘建伟院士说，墨子最早提出光沿直线传播，这也启发了量子通信，以墨子命名量子卫星，能提升我们的文化自信。

墨子对光沿直线传播、光的反射及若干物影成像等进行了精彩的描述。有一次，墨子在堂屋朝阳的墙上开了一个小孔，让一个人对着小孔站在屋外，他观察到在阳光的照射下，屋内与小孔相对的墙上出现了倒立的人影。

通过上述实验，墨子阐述了光沿直线传播的原理：光从上向下直射，人的头部与足部分别成影在下边和上边，构成倒影。此原理是后代摄影技术的先声。

【学习任务】

为了探究光的行进方向，小学科学课堂纳入了"小孔成像"探究实验，而早在两千多年前墨子就发现了这个现象。请尝试将墨子发现"小孔成像"的科学故事作为素材来设计教学活动，启发学生思考并完成"小孔成像"探究实验。

二、演示教学策略

在实验教学中，教师通过演示实验为学生提供视觉印象和模仿的依据。教师通过自身演示，可以让学生对所要做的实验形成第一印象，对学生独立进行实验起到潜移默化的作用。正确的实验示范也可以帮助学生在操作时保持严谨的科学态度。因此，

---

① 冯克诚：《小学科学实验教学指导》，9 页，北京，人民武警出版社，2011。
② 沈芬：《科学家的故事》，13~15 页，石家庄，河北教育出版社，2020。

小学科学教师在进行实验时需要规范操作，操作过程要配合言语的讲解，强化注意要点。此外，教师在实验的过程中还要保持演示台的整洁，操作完成后要收拾整齐，为学生树立好榜样。以教科版小学科学三年级教材为例，在进行"水能溶解多少物质"实验时，教师进行现场演示，向装有水的烧杯中加入小苏打，再对比面粉、沙子和食盐在水中的溶解，让学生更好地观察不同物质在水中的溶解情况。教师在进行实验演示时应采用通俗易懂的语言进行描述，这样更能增进低年级小学生的理解。学生通过教师的实验演示，调动自己的视觉与听觉，积极进行学习与思考，再加上手脑并用的练习，对实验内容的理解更深刻。

【拓展阅读】电和磁[①]

物理学家奥斯特发现了电流的磁效应。1820年，他在做电学实验时发现，一旦导线中有电流通过，放置在导线近旁的磁针便发生偏转。他又重新做了实验，在静止的磁针上面平行地拉直一根导线，然后通以电流，这时他发现磁针的N极向着纸外偏转；当电流的方向改变时，磁针的N极的偏转方向也随之发生改变。实验结果表明：电流周围的空间存在磁场，磁场的方向与电流的方向有关。

后来，奥斯特又做了相反的实验，发现不仅通电导线能使磁针产生偏转，磁铁也可以使通电导线的位置发生偏移。奥斯特先后共做了六十多次实验，肯定了电流和磁体之间的这种相互作用。

【学习任务】

在教科版六年级上册"能量"单元中，第三节内容为"电和磁"，课本中以奥斯特的电磁实验为引入。请设计、演示实验教学片段，并尝试开展教学活动。

三、合作探究策略

教师在进行实验设计时，考虑到学校有限的资源及课堂有限的时间，一般会以小组为单位来进行实验教学。每个小组在具体实验中会产生不同的问题，小组成员也会有不同的实验理解与收获。教师组织学生先小组合作探究，再派代表进行汇报，可以有效节约课堂时间。在小组合作中，教师要特别注意让小组分工明确，尽量使每个组员都能有效参与，发挥自身最大的价值。教师只有进行合理的实验分工，才能使教学高质量地完成。例如，在教科版小学科学教材五年级下册"种子发芽"实验中，教师问学生："种子发芽需不需要土壤？"有些学生回答需要，有些学生回答不需

---

① 宋达文：《磁场及电磁感应》，3页，天津，天津教育出版社，1985。

要。教师可以将学生分成两组，在空气、水、温度和绿豆数量相同的条件下，让一组学生在有土壤的环境下培养绿豆发芽，这组被称为实验组；让另一组学生在没有土壤的环境下培养绿豆发芽，这组被称为对照组。同一组的同学进行合理分工，一人负责实验情况的记录，一人负责控制绿豆的发芽条件，一人定时观察，一人进行总结汇报，等等。如此分工，既可以增强每个学生的责任意识，也可以锻炼他们的实验探究能力，培养合作精神。教师通过开展科学探究实验活动，让学生学到知识，增强探究意识，同时提高小学科学课堂教学的有效性。此外，教师在学生分组实验过程中还要加强实验中的指导。学生在实验过程中时常会遇到一些困难，或出现操作不当的现象，这时教师要及时给予帮助，与学生一起分析，找出其遇到困难的原因，并对错误的概念和操作进行纠正。最后，教师要针对小组实验情况进行总结性评价，将零散的实验内容系统化、条理化，从而提高学生的综合实践能力。

【拓展阅读】色与光[①]

人们发现，将三棱镜在阳光下转动，原本无色透明的三棱镜会呈现斑斓的色彩。针对这一现象，牛顿翻阅了当时的光学资料，获得的解释是：这种现象的产生是白光与棱镜相互作用的结果。当时人们认为白光只是一种单纯的物质。面对这种解释，牛顿心存疑惑：阳光为什么是白色的？透过三棱镜的阳光为什么不再是白色的？

1666年1月，在一个阳光充足的午后，牛顿弄暗房间，并在窗户上开了一个小孔，让一束光线射进来。之后，他用手中的三棱镜对准这道光束。出乎意料的事情发生了，对面墙壁上出现了一条五颜六色的光带。牛顿发现光带颜色的排列顺序为红、橙、黄、绿、蓝、靛、紫。牛顿反复改变三棱镜的位置，发现无论棱镜如何转动，从棱镜中出来的彩色光带的七色排列顺序不变。牛顿猜想这七色光或许原本就是组成阳光的成分，而不是由棱镜变出的魔术。为了验证这一设想，他进行了下一步实验：用一块挡板将棱镜分解出的彩虹挡住，然后在挡板上凿出一个小孔，只让一束红光通过，最后再让这束红光穿过另一个三棱镜。结果发现这束红光穿过第二个三棱镜后只是变得更宽了，不再分解出其他色光。通过它，牛顿提出了自己的光学理论：阳光是由红、橙、黄、绿、蓝、靛、紫七种色光混合而成的，每种色光不能再进一步分解。

【学习任务】

结合上述材料，设计"七色光"探究实验教学活动。

---

① 秦海：《牛顿》，61~64页，西安，太白文艺出版社，2002。

第四节
科学实验教学技能

> 一堂优秀的实验课是教师综合利用科学实验教学技能的结果。而科学实验教学技能包括两大部分：实验基本技能和实验教学技能。它们是实验教学顺利实施的保障，所以合格的科学实验教师必须具备这些技能。
>
> ——刘继和、刘东方：《教师实验教学素养的提升》，70页，重庆，重庆大学出版社，2013。

　　小学科学是一门启蒙课程，目的是培养学生的科学素养。小学科学实验课的教学任务就是对学生进行科学启蒙教育，让学生学科学、爱科学、用科学，学会观察现象、动手实验，让学生认识大自然，喜欢到大自然中观察、分析及研究，掌握科学实验的本领和技能。小学科学教师要结合小学生的心理特点和课程实验要求进行实验教学，完整有效地上好科学实验课，需要掌握以下四种基本科学实验教学技能。

一、构建实验教学目标与内容的技能

　　教师只有从实验目标出发，深入剖析教学内容，才能上好一堂生动有趣的科学课。

　　实验教学目标包括教师教与学生学的目标，以及每节课、每个教学环节、每个教学活动应达到的具体目标，具有较强的灵活性。[1] 实验教学目标的设定需要教师综合分析课程标准、教材内容及学生情况等因素。小学科学教师在设计教学目标时，对目标的表述要有科学性，要便于在实验中进行实际的操作。[2] 教学目标的表述应该从学生的角度出发，表明学生的学习结果，而不是教师的教学行为。

　　实验教学内容的选择主要依据实验教学目标，要选择学生熟悉、感兴趣的内容进行实验，这样才能点燃学生学习科学的热情。例如，在进行温度计的使用的教学时，教师首先要确定课程的教学目的是让学生认识温度计和学会温度计的读数。在教学前，教师需要依据教学目标丰富教学内容，进行资料查阅的准备工作，了解温度计有哪些类型，可以设置读摄氏温度计和华氏温度计两组实验。教师在教学过程中让学生先自

---

① 冯克诚：《小学科学实验教学指导》，4页，北京，人民武警出版社，2011。
② 李中国：《小学科学教学设计》，66页，北京，高等教育出版社，2017。

主观察和探究，再进行交流；交流之后由教师亲自示范温度计的规范操作，再指导学生进行实验。教师只有进行有条理、有规划的教学，才能让科学实验有条不紊地进行。

二、整合实验素材与创设情境的技能

在课堂教学中，教师需要利用好提前准备的实验素材，贴近学生的生活实际，创设相关情境，激发学生学习的兴趣。

实验素材归根结底是为学生进行实验探究服务的，即学生通过这些实验素材获得科学的概念和规律。[①] 素材的选择和设计主要体现在两个方面：一是选择的实验素材需要体现所要学习的科学概念或原理，二是选择的实验素材要能够产生明显的实验现象，便于学生观察。在实验探究活动中，在选择适当的实验观察与测量工具以及一些辅助性材料的前提下，教师也要考虑这些实验工具的安全性。

教师需要对选好的实验素材进行合理规划和利用，结合实验素材来创设教学情境。教师可以根据学生的身心特点、认知规律，帮助他们建立一个有利于学习的心理环境和认知环境，从而使他们更好地投入学习。[②] 例如，在"探究物体在水中的浮沉条件"一课中，学生凭已有经验认为乒乓球会浮在水面上，但课堂实验使用的是教师课前准备好的用注射器注满浓食盐水的乒乓球，教师在课堂上将这个注满浓食盐水的乒乓球放入水中，乒乓球下沉，这就与学生的已有知识产生了矛盾。教师通过创设问题情境，引发学生主动探究一系列问题：乒乓球为什么会下沉？是浮力变了，乒乓球本身的重力变了，还是这个球本身就不是乒乓球？全班学生都想到讲台上一探究竟。教师通过创设一系列问题情境，为学生提供一系列探究线索，让学生带着疑问进行探究，从而提升学生的猜想和假设能力。

三、采用有效教学策略的技能

科学实验教学应以学生为中心，选择合适的教学策略，如游戏、比赛、故事或模拟事件等，引导学生思考与探究，最终达到教学目标。例如，在小学二年级科学课"磁铁能吸引什么"的实验中，教师采用游戏策略，寓教于乐。教师："同学们，这堂课我们来'玩'磁铁的游戏，大家在'玩'的过程中要开动脑筋，发现磁铁的奥秘，看看哪一位同学在'玩'的过程中发现得最多。"教师将全班分成几个小组，学生相互讨论，开展

---

① 姚晓春：《小学科学课的建构：探究式教学设计理论与实践》，222 页，上海，华东师范大学出版社，2018。
② 易克刚：《浅谈小学科学实验教学的几点策略》，载《吉首大学学报（社会科学版）》，2017(38)。

探究。活动期间，学生拿着各种各样的磁铁，这里摸摸，那里碰碰，甚至可以拿着磁铁离开座位去碰碰门、窗、黑板等。最后，教师引导学生做小结："你们在'玩'的过程中发现了什么？是怎样发现的?"并让学生演示给同学们看。教师让没有发现磁铁这种性质的学生模仿同学的演示方法自己做一做。这个"玩"的过程就是学生的探索过程，既发挥了学生的创造性，又使每个学生都达到认知目标的要求。这种游戏策略有利于培养学生的思维能力和创造能力，增强学生对现实生活中科学和技术的理解，为学生学会运用科学原理奠定坚实基础。在这一过程中，教师只起了架桥铺路和启迪引导的作用，学生自己参与知识的形成过程，这样可大大提高学生学习的自主能动性，使之成为课堂上真正的主体。

在这样的教学理念和策略的要求下，课堂气氛更为活跃。教师从照本宣科向启迪引导转变。由于学生对于课堂内容有不同的理解，这些理解或对或错，教师则可以通过学生的表现，进一步了解学生对课堂内容的理解情况，明确课堂的重难点，因势利导、因地制宜地设计和更改原本的教学方案，使课堂内容更有针对性，最终帮助学生掌握知识，提升课堂效率，实现因材施教。

四、及时反馈与评价的技能

教学和评价是课程实施中两个相辅相成的重要环节。为了提高学生的学习效率，教师需要对每个教学环节进行精心设计。在教学中，教师要注意对这些教学环节进行评价，及时对评价结果进行反馈，这样才能收到更多有效信息，提升教学效率。

小学科学评价主要有过程性和终结性评价。过程性评价指在学习过程中，与学生学习交融在一起，在课前、课中、课后针对学生的学习情况及学习表现进行的评价活动。当下教育学评价越来越趋向于对学习过程进行评价，不再只重视对学习结果的评价。教师对课堂的所有环节都可以进行及时反馈与评价。除了过程性和终结性评价，还有诊断性评价。[①] 诊断性评价发生在学生开始实验前，用来了解学生对实验的准备情况，通常以教师提问的方式来检查学生的预习情况，重点检测学生对实验目的、实验步骤和原理的了解情况。

在实验教学中，教学评价主要体现在教师对学生和对自身教学的评价上。[②] 第一，教师要对学生的学习情况进行公平公正的评价，包括对学生的实验技能、实验过程的评价以及对学生实验结果的评价。第二，教师要客观地对自身教学效果进行评价，包

① 冯克诚：《中学物理课堂教学方法实用全书》，730页，呼和浩特，内蒙古大学出版社，1999。
② 刘继和、刘东方：《教师实验教学素养的提升》，72页，重庆，重庆大学出版社，2013。

括实验目标、实验步骤、学生指导等。教师对教学效果的评价也要客观公正，这样才能提高教学质量。

教师应该注重多元化评价，充分挖掘学生的潜力，促进他们更好地发展，并及时调整自己的评价方式。例如，在"探究笔的奥秘"这节课中，教师可以组织学生观察自己使用的笔的结构，再通过小组观察与讨论的方式，使学生可以很快发现他们的铅笔大多是菱形的。这个时候教师可以通过"铅笔为什么是菱形的而不是圆形的？"这个问题引发学生思考。对于学生的回答，教师要有针对性地评价，并对用心思考的学生给予表扬。教师在对学生能力评价的同时还应关注学生的学习态度和自信心。

本章小结

在过去的小学科学教学中，教师多注重理论知识的讲解，强调概念原理的教学技巧与教学方法，而忽视了小学科学实验的教学策略以及有关实验的教学技能。随着新课改的实施，素质教育不断拓展，在小学科学教学中，培养学生的实验能力越来越受到重视。教师有责任也有义务基于小学科学实验的特殊性，有针对性地学习小学科学实验的特征、教学策略与教学技能，以提高自身的教学能力。本章内容从科学实验的特点出发，结合小学科学实验的特殊性，详细分析小学科学实验的特征。同时结合课堂实际，对小学科学实验课中的典型环节进行教学策略的分析与讲解，帮助科学教师做好科学实验的讲授、演示、探究三个主要环节，给教师一些启发和建议。同时，本章节结合小学科学课程标准和教学规律，提炼了四种科学实验教学技能，并提供了相关案例，供教师学习。

思政内容

本章涉及的思政内容包括：帮助学生体验科学实验探究的乐趣，养成科学实验探究的习惯，学会观察与思考，尝试批判与创新，从而提升科学素养；了解科学家的故事及研究方法，学习科学家精神；学会用实验处理生活中的问题，学会用实验观察身体的健康情况，如测体温、测血压等。

章后练习

1. 小学科学实验有哪些特点？

2. 小学科学教师如何开展实验教学？

3. 分析以下实验教学活动案例的教学目标、教学环节及教学策略。

案例主题：玩"潜水艇"

教师：孩子们，老师制作了一个潜水艇模型，它能自由浮沉，想不想看？（教师出示浮沉子，并进行演示。）我这艘"潜水艇"可以停在水下任何一个位置，神奇吧！今天我们就一起来玩"潜水艇"。其实这种可以浮沉自如的潜水艇模型叫"浮沉子"，原名叫"笛卡儿潜水器"，是科学家笛卡儿发明的。一个塑料滴管、一个铁螺帽、一个塑料瓶再加上一些水，就可以做成这个装置了。你们也想做一个玩玩吗？老师给每个小组都准备了制作材料，希望你们通过自己的努力，成功制作一个浮沉子，让我们进入学习活动。孩子们，自己轻声把任务和要求读一读吧！

任务一：制作一个自由浮沉的浮沉子。

材料：滴管、螺帽、空瓶、水槽、烧杯、水、抹布。

时间：8分钟。

要求：

①小组讨论，完成制作；

②在规定时间内，可以向成功的小组请教；

③制作成功后，小组内交流成功的经验；

④时间到时立即停止制作，做好交流的准备。

教师：下面请组长领取材料，开始制作。

学生小组合作尝试制作。

教师：时间到了，老师了解一下，成功的小组举手。（有两个小组没有举手。）没关系，让我们一起来分析原因。你们没有成功，到底出现了什么问题？

学生1：我们组的浮沉子一直浮在上面，怎么挤压瓶子，它都下不去。

学生2：我们组的浮沉子一直沉在水底，怎么也上不来。

教师：其他组遇到过这个问题吗？你们是怎么解决的？

学生3：我们也遇到了这种现象，浮在水面下不去是因为滴管里的水太少，需要让滴管多吸些水；沉在水底上不来，是因为滴管里的水太多，需要挤掉一些。

教师：你的意思是，要成功制作一个浮沉子，关键是控制好塑料滴管里的水量。其他同学同意吗？

学生：同意。

教师：好，老师这里有一张图片，你们觉得哪一种情况的浮沉子能够自由浮沉？

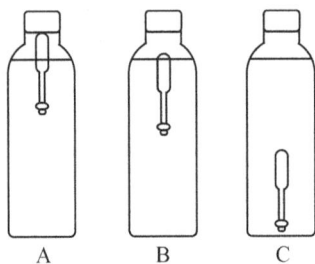

学生4：B浮沉子能够自由浮沉。A滴管里的水太少了，会一直浮着；C滴管中的水太多了，会一直沉着。

教师：真棒！还有哪个同学来说一说，在制作过程中你们遇到什么问题？

学生5：我们在制作时，发现瓶子上有个小孔，一挤压，水就往外冒，浮沉子也不能沉下去，换了一个好瓶子后就成功了。

教师：那个小孔是老师有意戳的，看来浮沉子对密封性也有要求啊！请没有成功的小组再次制作，其他小组的同学再玩一玩浮沉子。（不成功的两个小组再次制作。）同学们真棒！在这么短的时间内就成功制作出一个浮沉自由的浮沉子，老师为你们点赞。可浮沉子为什么能够自由浮沉呢？同学们在小组里讨论一下。

教师：哪个小组的同学想说一下本组的想法？

学生1：我们组认为与瓶中的气压有关。挤压时，瓶中的气压增加，于是浮沉子被压到了水底。

学生2：我们组认为与滴管中的水量有关。挤压时，滴管中的水量增加，浮沉子变重了，于是下沉；松开手，滴管中的水量恢复正常，浮沉子变轻了，于是上浮。

教师：同学们说得都有道理，让我们继续下面的任务，去解开这个谜团吧！自己先轻声把任务和要求读一读，然后根据要求完成任务，记录纸在抽屉里。

任务二：探究浮沉子浮沉自如的秘密。

时间：8分钟。

要求：

①小组内再次操作浮沉子，仔细观察塑料瓶中滴管内水量的变化；

②尝试将浮沉子浮和沉的两种情况简要地画下来；

③在小组内根据图画尝试解释浮沉子浮沉自如的原因。

教师：哪个组的同学愿意展示一下本组的发现？

学生1：我们组发现，一开始浮沉子浮在水面，当挤压瓶壁时，浮沉子中的水量变多了，重量变大了，于是下沉了。我们的发现是浮沉子的浮沉与自身的重量有关系。

板书：重量增加——下沉；重量减小——上浮。

教师：真棒！你们也有这样的发现吗？

学生齐声：是。

教师：让我们通过动画来回顾一下。（动画演示浮沉子的浮与沉。）老师还有两个问题，一是浮沉子中的水为什么会变多？二是在浮沉子浮沉的过程中，重量是变化的，不变的是什么？

学生1：浮沉子中的水变多，是因为挤压瓶壁时，水会从浮沉子下面的小孔流进去，水就变多了。在浮沉的过程中浮沉子的重量在改变，大小并没有改变。

教师：你所说的大小没改变，在科学中的描述就是体积不变。

板书：体积不变。

教师：你们想知道真正的潜水艇是如何实现浮沉的吗？（学生：想。）让我们通过一段视频了解一下。（播放视频：潜水艇浮沉的秘密。）你们看到了什么？

学生1：通过视频，我知道了潜水艇也靠改变自身的重量来实现浮沉。

学生2：我知道了潜水艇的水仓装满水，重量增加，就下沉；将水仓中的水排出去，重量减小，就上浮。

教师：今天，我们通过自己的努力，成功地制作了滴管浮沉子，并通过我们的操作、观察发现了浮沉子浮沉的秘密。我们可以借助生活中的小物件制作不同的浮沉子（出示吸管浮沉子、笔帽浮沉子）。课后大家也做一做，并把你制作的浮沉子展示给你的爸爸妈妈看。

4. 以教科版小学科学教材四年级下册"简易电路"为例，设计一个实验教学活动。

延伸阅读

[1]马丁. 建构儿童的科学：探究过程导向的科学教育[M]. 杨彩霞，于开莲，洪秀敏，等，译. 北京：北京师范大学出版社，2006.

[2]郭国维. 小学科学探究实验与评价：下册[M]. 石家庄：花山文艺出版社，2006.

[3]冯凯. 建立联结：科学教材内容育人价值的深度挖掘：以苏教版小学科学"神奇的机械"单元为例[J]. 教育理论与实践，2022(14)：41－43.

[4]冯克诚. 小学科学实验教学指导[M]. 北京：人民武警出版社，2011.

[5]李中国. 小学科学教学设计[M]. 北京：高等教育出版社，2017.

[6]刘婷. 从小培养科学精神与科学思维：小学科学课程育人价值开发[J]. 人民教育，2021(21)：65-67.

[7]姚晓春. 小学科学课的建构：探究式教学设计的理论与实践[M]. 上海：华东师范大学出版社，2018.

第七章

小学科学课堂
调控技能

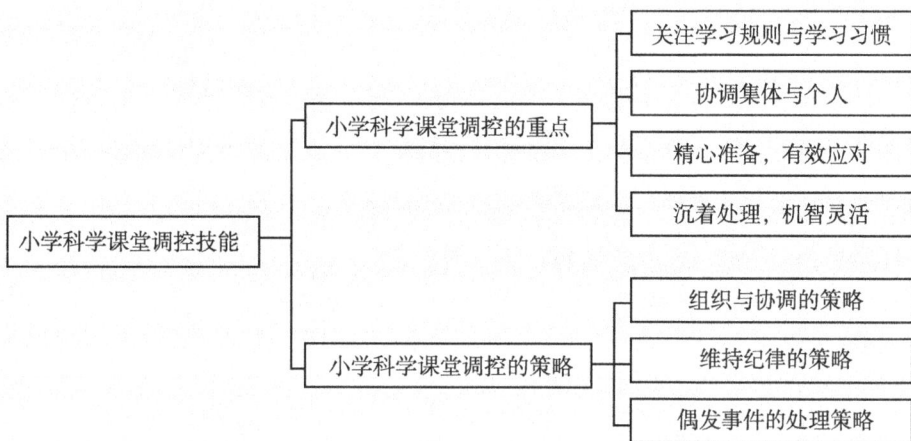

```
                                        ┌─────────────────────┐
                                        │ 关注学习规则与学习习惯 │
                                        └─────────────────────┘
                                        ┌─────────────────────┐
                    ┌──────────────────┐│   协调集体与个人      │
                    │ 小学科学课堂调控的重点 │└─────────────────────┘
                    └──────────────────┘┌─────────────────────┐
                                        │   精心准备，有效应对   │
                                        └─────────────────────┘
                                        ┌─────────────────────┐
┌──────────────────┐                    │   沉着处理，机智灵活   │
│ 小学科学课堂调控技能 │                    └─────────────────────┘
└──────────────────┘
                                        ┌─────────────────────┐
                                        │   组织与协调的策略     │
                    ┌──────────────────┐└─────────────────────┘
                    │ 小学科学课堂调控的策略 │┌─────────────────────┐
                    └──────────────────┘│   维持纪律的策略      │
                                        └─────────────────────┘
                                        ┌─────────────────────┐
                                        │  偶发事件的处理策略    │
                                        └─────────────────────┘
```

本章概述

　　课堂调控是教师在教学过程中对课堂采取有效管理和控制，从而达成教学目标、完成教学任务的活动。本章重点介绍小学科学课堂教学中课堂调控的重点，并为教师进行有效的课堂调控提供一些方法和策略，帮助教师创造和谐愉快的课堂教学环境，提高小学科学课堂的教学效率和质量。

第一节
小学科学课堂调控的重点

> 苏霍姆林斯基说："教学的技巧并不在于能预见到课堂的所有细节，而在于根据当时的具体情况，巧妙地在学生不知不觉之中做出相应变动。"教学调控能力的强弱反映了老师的专业水平的高低。生本课堂有随机生成性，教师只能预设一些情况，教学中还会出现各种各样无法预料的"新鲜事"，教师为了实现教学目标，应善于对课堂教学进行有效调控，使课堂教学有序地进行。我常用的课堂教学调控包括学生心理调控、学生行为纪律调控、提问调控等。
>
> ——荆志强：《幸福地做老师：我的生本教育实践之路》，70 页，南京，江苏人民出版社，2012。

2022 年版课标提出，小学科学课程应培养学生的科学兴趣和思维习惯。科学兴趣的培养建立在学生主动参与的基础上，思维习惯的养成需要学生的主动配合与坚持。因此，小学科学教师需要创建轻松愉快的课堂氛围，充分发挥学生课堂主体的作用，激发学生的思维活动，注重学生的独特体验，这些都需要小学科学教师进行课堂调控。小学科学课堂调控应重点关注以下内容。

一、关注学习规则与学习习惯

在小学科学课堂中，让学生遵守学习规则，培养学生的学习习惯，对于他们科学态度的形成和创新精神的发展乃至人格品质的塑造都是至关重要的。

教师要求学生遵守学习规则，有利于学生养成良好的学习习惯，形成良好的探究氛围。在第一堂科学课上，教师就应对课堂讨论、实验器材分发和使用、小组活动分工等提出要求，并在后续教学中不断提出更加完善的要求，对小组和学生个体的表现进行及时评价。之所以要一开始就提出要求和规则，是因为这时学生在心理上更容易接纳，有利于学生良好习惯的养成。

在科学课堂上，学生常常需要仔细观察、认真思考。学会观察是培养学生良好习惯的第一步。教师要有意识地培养学生的观察能力，例如，教科版小学科学教材三年级上册"空气有质量吗"实验中，教师可以扮演一个魔术师，用塑料袋装一袋空气，让学生说说塑料袋中有什么。此时，学生的注意力都集中在这一袋空气上，并且会仔细观察。接着，教师提出问题，引发学生的思考："这个塑料袋里装的东西有质量吗？"之后再开展实验，验证空气的存在。在实验中，教师将实验仪器展示给学生，征求学生的意见后，再选用合适的实验方法来进行验证。教师通过这些环节，能够锻炼学生的观察能力，也能影响学生的学习习惯，让学生在日后的学习中习惯于先观察再思考探究，为后续的学习做铺垫。

在科学教学中，教师除了要培养学生的观察习惯，还要帮助学生学会提出问题。学生只有学会质疑，才能在课堂学习和实验探究的过程中获得更多体验。科学教师需要利用学生的天性创设教学情境，指引学生学会质疑。在课堂导入环节，教师可以提出一个问题，让学生带着问题进入课堂，激发学生的认知欲望，帮助学生养成良好的质疑习惯。例如，教科版小学科学教材五年级第二单元第八节"设计制作一个保温杯"一课，教师在教学导入时，可以利用身边的教具，向学生展示各种杯子，然后提问："同学们，看一看老师面前这些杯子，哪个杯子才是保温杯呢？"以此开始课堂教学活动，让学生产生探究的欲望。在小学科学教学中，教师只有掌握多元的教学方法，并在教学活动中有效调控，才能引导学生遵守规则、养成习惯。

二、协调集体与个人

科学课程是面向学生集体的课程，课堂科学探究活动也以小组合作探究为主。教师在课堂中对每一个教学环节的调控都应该把集体放在第一位，具有全局调控意识，不能因为个别学生的问题影响全体成员的探究，不能只顾及表现好的小组和个人，应该关注每一个学生。教师需要思考如何在进行小组合作学习的同时兼顾每个学生。

在许多科学实验中，仅靠学生个人的能力和知识是无法顺利完成探究活动的，但若以小组合作的方式则可以顺利进行。学生之间的配合与沟通，小组成员间的信任与合作、教师的引导与帮助都是实验成功的关键。

学生之间只有相互配合才能组成好的集体，教师需要采取有效措施，促进学生之间的信任与合作。[1]在确定教学任务之后，教师要引导学生分工合作，让每个小组成员都承担任务，即明确每个成员的职责。小组可选出组长、操作员、记录员和总结汇报员等，将科学探究活动各个环节的负责人落实到位，这样有助于个人在集体中发挥出最大的优势。最后在交流汇报时，教师不仅要听每个小组汇报员的汇报，也要给有不同想法和观点的学生一些展示的机会，这样才能更好地协调集体与个人之间的关系。

---

[1]　袁从领：《核心素养导向下的小学科学教育》，128 页，长春，东北师范大学出版社，2018。

而对于一些内容的学习，个人独立活动会比集体探究活动效果更好。这种活动往往操作非常简单，个人独特性较强，并且活动材料充足。[①] 比如，在讲授"沙子和黏土"这一课内容时，教师应该保证人手一份实验材料，让每个学生都玩一玩沙子和黏土。学生可以发挥自己的想象力，"玩"出各种形状，用黏土做小杯子、小勺子、笔等物品，通过模仿延伸自己的想象力和创造力。这样的科学活动就适合学生个人进行，如果集体来玩的话，每个人的想法都不一样，就会出现被迫统一和妥协的状况。

因此，在小学科学课堂中，教师不仅要追求学生集体的共同目标，也要开展个体的活动，给学生一定的独立性，提供独立思考和自学的机会，交给学生需要独立完成的任务和作业。[②]

在小学科学课堂中，合作学习是常用的学习方式。倡导学生以小组合作的方式学习并非束缚学生的个性，而是集思广益，鼓励学生发挥个人的创造性，这样才能带来最佳的群体效益，以及最大限度地发展个人的潜能。

【拓展阅读】

当大多数小学生在很多事情上表现得很独立时，说明他们想要凭借他们自己的力量行动。[③]这种独立自主的体验对他们的心理健康和自我效能感是非常必要的。

思考：在小学科学课堂中，上述理念在多大程度上能得到证实？

【讨论与交流】

如何在合作学习中满足个体需求？

三、精心准备，有效应对

一堂课成功的关键在教师。教师是课堂的组织者、引导者和调控者。[④] 在课堂教学开始前，教师需要精心准备教学内容，让自己在课堂教学中发挥主导作用，提高课堂的教学效率，有效应对教学过程中出现的各种问题。

首先，教师需要充分了解学生，对学生进行学情分析，包括了解学生的知识储备和认知水平，学生在课堂上可能出现的困惑、可能提出的问题或可能遇到的学习障

---

① 曾宝俊、夏敏：《小学科学教材教法与教学设计（低年级）》，5页，福州，福建教育出版社，2018。

② 王红宇：《合作学习理论在教学实践中的运用》，载《比较教育研究》，1992(1)。

③ ［美］萨玛·沃泽曼、［美］乔治·伊芙妮：《新小学科学教育》，宋戈、袁慧译，19页，北京，北京师范大学出版社，2006。

④ 《课程改革为课堂调控注入了新的含义》，载《四川教育》，2006(10)。

码。① 其次，教师需要准备好教具，预设课堂学习任务，为学生进行学习活动做好准备。最后，教师需要及时进行教学总结与反思，找出在各个教学环节中出现的问题，从而提升自己的教学能力。②

四、沉着处理，机智灵活

在小学科学教学中，学生常常被某些难以理解的问题困住，打乱教师原本的教学计划。尤其是面对科学探究实验中的突发事件，或者处理意想不到的问题，小学科学教师不得不临时改变内容，影响正常的教学进度。③

小学科学课堂有时也会出现一些突发性干扰。例如，外界某些刺耳的声音传进课堂，虫鸟不小心飞进课堂，个别孩子的"恶作剧"，等等，都会干扰正常的教学。小学科学教师不仅要冷静处理课堂上学生因无法理解知识内容而产生的问题，还要有能力处理与课堂教学内容无关的突发事件。换句话说，教师要具备及时调整课堂实际状况的教学能力，随机应变是教师教学智慧的具体体现。

例如，教科版小学科学教材三年级第一单元第一节"水到哪里去了"，教师在上课时发现学生没有立即停止嬉戏玩耍、追赶谈笑，教师并没有立刻批评学生、维持纪律，而是用湿抹布在黑板上写下"安静"这两个字，原本嘈杂的课堂慢慢安静下来了，学生的目光和注意力都集中在了黑板上。有的学生观察得很仔细，小声说："安字的点渐渐看不见了。"大多数学生也都观察到了，不一会儿，"静"字也变得模糊了。④ 教师由此现象切入主题——水到哪里去了。由此可见，教师冷静机智的处理方式不仅能维持课堂纪律，还可以由此情境巧妙引入新课，让学生在轻松愉快的氛围中进入本节课的学习。

【拓展阅读】

路易丝·拉茨(Louis Raths)提出了一个思维理论，能够帮助我们理解这些思想如何应用于课堂。如果小学生很少有机会去练习高级心理操作相关的思维技能，那么他们在特定的、可观察到的行为类型上会表现出缺陷，如极端的冲动、非常教条的行为、思维僵化及过分依赖教师的引导等。例如，有的小学生在思考自己准备做什么之前就已经转化为极端的冲动了；有的人即使面对有争议的证据，仍然会坚持自己的想法；有的人不能从熟练的框架转到新的框架；有的人一旦离开教师的引导，就变得无所适从。

① 李霞：《小学科学教学中如何做学情分析》，载《中国教育技术装备》，2010(17)。
② 王朝云：《课前准备是语文高效课堂的驱动力》，载《中国教育学刊》，2020(6)。
③ 李晓军：《谈教师的课堂应变能力》，载《青少年日记(教育教学交流版)》，2010(9)。
④ 陈容斌：《巧用五个"教学机智"彰显科学课堂活力》，载《基础教育研究》，2012(14)。

120

当学生出现这些问题时，可以假设，他们是缺乏思考的机会才出现这样的情况，这些学生有着太多低级心理任务（如记忆和重复）类练习，处理信息上的练习太少，将所学知识应用于新的情境、创造性地解决问题、分析问题并做出决策等方面的练习更少。①

【学习任务】

谈一谈，如何帮助学生成长为独立自主、具有创造性和自觉的人。

第二节
小学科学课堂调控的策略

> 2022年版课标倡导学生的主体地位，让学生成为课堂的主角，教师成为学生的合作者、指导者、参与者。这就要求小学科学教师必须具备较强的课堂管理能力，以及掌握课堂调控的策略。积极的课堂环境与学生纪律之间有着密切的联系，许多课堂管理问题与教师能否创建积极的课堂环境从而满足学生的心理需要有关。因此，课堂管理只有通过创建一个真正能够满足学生需要的课堂环境，才能确保学生做出积极的、有利于教学目标达成的行为，形成良好的纪律。
> ——张烨：《学生有效学习与教师专业发展 小学品德与生活（社会）》，152页，长春，东北师范大学出版社，2016。

课堂调控策略也叫课堂控制策略，指教师为实现课堂教学目标，在课堂教学过程中采用适当的课堂调控方法的教学策略。② 小学科学教学形式多样，并且小学生天性活泼，课堂表现活跃，一些教师难以维持好课堂秩序。小学科学教师需要掌握一些课堂调控的方法和策略，从而有效地控制课堂。

一、组织与协调的策略

2022年版课标指出小学科学是具有综合性和实践性的课程。小学科学教学离不开

---

① ［美］萨玛·沃泽曼、［美］乔治·伊芙妮：《新小学科学教育》，宋戈、袁慧译，19页，北京，北京师范大学出版社，2006。
② 李国臣、孙九启、李铭浩：《优化课堂教学的策略与修炼》，1页，天津，天津教育出版社，2017。

丰富多彩的学生活动。小学生天性好动，具有强烈的活动愿望，喜欢动手操作的活动，这给小学科学教师调控课堂带来一些困难。小学科学教学经常会出现探究活动用时过多、少数学生在探究过程中无所事事、实验操作漫无目的等难以掌控的情况。

课堂上，学生的表现具有差异性，特别是在小组合作的过程中会出现较多问题，需要教师及时调控。例如，一些学生会在教师讲述实验细节时按捺不住，直接上手做，由于目标不明确，方法也不正确，导致实验失败。探究过程中也会出现因小组成员意见不合、实验分工不明确等问题而耽误探究进度，或不能按时完成学习任务的现象。[1] 因此，教师必须提前制订好课堂教学计划，预设可能发生的状况，再依照实际的课堂情况进行组织。教学过程中若发现问题，教师要及时进行调控，使教学顺利进行。

例如，在教科版小学科学教材五年级第一单元第五节"机械摆钟"一课中，教师强调摆锤若撞击其他物体，影响摆的正常摆动，实验就会失败。但在实验过程中，实验开始没多久摆就撞到了铁架台上，学生重新调整做下一轮实验，但还是极易发生摆撞到铁架台的事件，导致简单的实验操作需要花费很长时间才能成功，这样的探究较为低效。造成这种现象的原因是学生缺乏观察与思考，缺乏有效的反思和修正，仅凭借个人经验来完成实验。遇到这样的情况，教师需要及时进行引导，帮助学生找出解决问题的办法，从而有效控制课堂活动时间。

除此之外，教师还应协调师生活动的时间。理想的科学课堂师生占用时间分配大概为1：1。在学生活动期间，教师应将课堂的主导权交给学生，少讲精讲。[2] 总的来说，教师在课堂中要把握好课堂节奏，引导学生明确活动的目标和核心，这样才能更好的组织课堂活动。

二、维持纪律的策略

小学生的纪律意识刚刚建立，在课堂上违反纪律的现象屡见不鲜。违纪现象可分为语言违纪和行为违纪两大类。[3]

语言违纪主要表现在课堂上，学生喜欢在教师讲述时插嘴，或者与周围同学窃窃私语。此类随心所欲的现象多发生在低年级小学科学课堂中。行为违纪主要表现为静态违纪和动态违纪两个方面。静态违纪是上课时走神，东张西望，不认真听讲，喜欢做小动作，如抠橡皮、在书本上乱画等。这种行为持续的时间不定，一般对学生自己

① 田娟：《有序管理：让小学科学课堂充满律动》，载《新课程（下）》，2011(5)。
② 袁优红：《小学科学有效性教学策略探究：上学生喜欢的科学课》，35页，杭州，浙江大学出版社，2013。
③ 宋书璐：《小学课堂违纪问题及其管理策略的探究》，载《才智》，2019(26)。

的学习产生影响，不会影响他人。动态违纪表现为一言不合就骂人或打人，将课堂变成"战场"。虽然这种现象发生的频率不像静态违纪那样多，但是一旦发生，就会影响整个课堂环境，教师处理起来也是比较棘手的。

对于静态违纪行为，教师可以有意地提醒，比如，走过去摸一摸走神学生的头，走到学生旁边轻轻拍一下桌子，故意提高音量来引起学生的注意，也可以用提问的方式将学生拉回课堂教学。而对于科学课堂上的动态违纪现象，教师必须采取措施立即制止学生的行为，将课堂拉回正常秩序，在课后一定要严肃处理，对涉事学生进行批评教育。

例如，在一堂小学科学实验课的教学中，当小组实验结束，进入汇报阶段时，教师要求学生停止工作，听其他人汇报。但学生怎样都停不下来，一些学生忙着与旁边的学生交谈，一些学生仍然在做刚刚的实验，还有一些学生凑在一起小范围地发表自己对实验的见解。教师花了好长一段时间才让全部学生安静下来，继续课堂汇报工作。这显然不是最好的解决方式，教师在遇到这种情况时可以通过两个步骤控制课堂。

首先，教师可以进行言语上的提醒，告知学生学会倾听是尊重他人的表现，这时会有少数学生停下来。[①] 然后，教师可以重点表扬已经停下来的学生，小学生都期望得到教师的关注与称赞，比如："瞧，王同学，你眼睛睁得大大的，我感受到了你听得特别认真！"当其他学生听到这样的话语时，也会期望受到教师的表扬和赞赏，于是积极配合教师的指令，整个课堂就会变得井然有序。

给学生营造一个良好、有序的课堂环境是有效提高学生学习效率的前提。在小学科学教学中，教师需要掌握有效的课堂纪律调控策略，结合课堂的实际情况随机应变，让科学课在良好、有序的环境中生动有趣地进行。

三、偶发事件的处理策略

课堂偶发事件一般指和课堂教学内容无关的突然发生的外来刺激或事件，以及难以预料或不曾预料到的特殊问题。[②] 在小学科学课堂中经常有偶发事件发生，如果教师不能当机立断，迅速找出解决对策，则会直接干扰正常教学活动的进行。因此，掌握有效应对偶发事件的策略是小学科学教师的必修课。

第一，教师要精心预设教学环节，提前预测教学过程中可能出现的情况，这是教师在备课时应该进行的工作。根据科学课堂的教学目标和教学任务，结合教学内容与学生的实际水平以及教学环境和条件，合理规划自己教的行为和学生学的行为。教师

---

① 王亚丽：《小学科学探究课堂即时调控策略例谈》，载《教育实践与研究》，2016(1)。
② 莫伟华：《灵活驾驭课堂偶发事件，提高课堂教学的有效性》，载《小学时代(教育研究)》，2011(5)。

在课前需要了解学生的知识能力基础、兴趣爱好、个性特征，这样才能在课堂上更好地把握学生的思维走向。第二，教师要锻炼自己的临场应变能力，在教学过程中要做好面临一些突发事件的准备，从内心去接受，而不是过分担忧和紧张。再简单的实验也有可能完不成，原先设计好的教学步骤也可能被打乱，教师只有端正自己的心态，将这些教学过程中出现的问题当作学习、教育的契机，才更容易轻松处理这些偶发事件。

例如，在"研究磁铁"一课中发生了一个意外事件：在做完探究磁铁的小组实验后，教师请一个学生拿着磁铁上讲台进行总结，这个学生手中的磁铁突然掉在地上，断成了两截。此时教师并没有慌乱，也没有责备学生，而是捡起地上的磁铁，举起涂着红色代表北极的磁铁问全体学生："这段磁铁本是北极，现在有没有什么变化呢?"课堂气氛一下子活跃起来，有学生说："肯定还是北极。"也有学生说："磁性消失了。"还有学生猜测："会不会变成南极了?"教师顺势带领学生进行了一次探究活动，不仅化解了尴尬的课堂气氛，而且让学生学到了更多的知识。

在小学科学教学过程中，学生犯错或操作失误是常见的教学现象，教师要根据实际情况做出优化处理，不能仅用"对"和"错"去评价学生的行为，而应将学生的各种错误转化成可供学生学习的教学资源，这才是教师课堂调控能力的最佳体现。

【案例】

主题：苏教版小学科学教材二年级上册第四单元第十节"明亮与黑暗"教学设计。

设计思想：二年级学生经过一年的科学学习与训练已经有了一定的基础，对科学产生了一定的兴趣，同时了解了浅显的科学知识，学会了简单的操作技能，具备了初步的探究能力。但是，他们还不具备科学预见、测量、分析、探究、记录等一系列的科学探究方法，学生之间也没有形成合作探究的活动形式。本课围绕"光亮"这个核心概念展开，由两个活动组成。第一个活动，调动学生已有的经验，让他们想办法看清封闭纸盒里的物体，意识到"有光才能看见物体"，了解明亮与黑暗的产生与光有关，光线照射到的地方是明亮的，光线照射不到的地方是黑暗的。第二个活动，引导学生探究手电筒直射纸面时的高度与光斑大小、亮暗之间的关系。这是一个初步的探究活动，学生通过实验探究，发现手电筒离纸面越远，光斑越大，亮度越暗；手电筒离纸面越近，光斑越小，亮度越亮。

教学目标：

①能够想出办法让光进入封闭纸盒中，会用"有光才能看见物体"表述光的作用。

②通过探究手电筒光斑的变化，体验科学探究的乐趣。

教学过程：

①情境导入，激发学习热情。

教师：今天，森林大剧院里热闹极了，小动物们在开演唱会，(教师向学生出示大纸盒暗箱）看，这就是它们的大剧院，有哪些小动物在表演呢？想看吗？（教师请一位学生通过大纸盒的小孔进行观察，然后分发小纸盒，4 人小组观察。）

[交流环节]

教师：大家看见了吗？

学生：看不见。

教师：为什么看不见？

学生：太黑，太暗。

教师：怎样才能看见呢？

学生：需要光。

教师出示手电筒。

教师：老师给你们提供了手电筒，有光了，之后该怎么做呢？

学生交流，教师用纸盒示范。学生自行操作，教师有针对性地指导。

[交流环节]

教师：这次看见了吗？

学生：看见了。

教师：为什么这次看见了？

学生：因为纸盒里有光，变明亮了。

教师：看来明亮与黑暗的环境下，我们看到的情况是不一样的。为了看得更清楚，我们需要光。

②探究手电筒光斑的变化规律。

教师：小动物们在大剧院里已经准备就绪了，它们想邀请同学们来当"小小灯光师"，给它们的演唱会设计一下灯光。

教师：瞧，当光射向舞台时，会在舞台上留下一个明亮的区域，我们把这块区域叫作光斑。

教师将手电筒射向黑板。

教师：我们用手电筒模拟灯光。你们看见黑板上的光斑了吗？

学生：看见了。

[PPT]

小松鼠独唱。

小松鼠和小兔子一起唱。

三只小动物一起唱。

教师：这是他们的表演过程，根据表演过程，我们应该让光斑怎么变？

[交流环节]

教师：小松鼠独唱时，灯光应该射向谁？

学生：小松鼠。

教师：这时候小兔子和小猴子身上要不要有光？

学生：不需要。

教师：小松鼠独唱时光斑比较小，那小松鼠和小兔子唱的时候呢？

学生：第一次比较小，第二次比较大，第三次最大。

教师：做这个实验，还要注意什么？

学生1：手电筒的光要照到小动物的身上。

学生2：手电筒不能晃来晃去。

教师：是的，同学们说得很好，能用灯光直接照射小动物的眼睛吗？

学生：不可以，这样会伤害眼睛。

教师：所以我们要把手电筒稳定住，而且不能拿灯光直接照射他人的眼睛。

教师分发材料，小组活动。

[交流环节]

教师：怎样让光斑变大或变小？

一学生把手举得高高的，教师示意他来回答。学生站起来，想说什么，却突然闭口不语了，站在那里显得很尴尬。旁边学生道："老师，我来。"

教师：我们再等一等，等他组织一下语言，好吗？

过了一会儿，学生回答。

学生：手电筒离纸面越远，光斑越大。

教师：观察得真仔细，语言组织也很准确。掌声送给他。

学生一致鼓掌。

教师：认真倾听别人的发言也是一种良好的学习习惯。

教师：如果不是远，而是高呢？

学生2：手电筒离纸面越高，光斑越……学生停顿了下，立即有学生喊："老师，我说，我说。"

教师把食指放到嘴上做了一个"嘘"的手势，示意那位抢着发言的学生停止讲话。

教师：请稍等，等发言的同学把话讲完，你再补充可以吗？

学生2：手电筒离纸面越高，光斑越大。

学生3：手电筒离纸面越近，光斑越小。

教师注意到有两个学生游离于课堂之外，没有认真听讲。教师将目光投向这几个学生。

教师：如果不是近，而是低呢？我请同学来回答，待会儿，我会请一些同学总结这些发言同学的意见，或者当个小评委，评一评他说得有无道理。

学生4：手电筒离纸面越低，光斑越小。

教师指定其中一个原先没有认真听讲的学生评价总结。

教师：我们都发现，手电筒的远近会影响光斑的大小，那么实验中光斑还有其他变化吗？

〔交流环节〕

学生：手电筒离纸面越远，光斑越大；离纸面越近，光斑越小。

教师：亮度有什么变化呢？

学生1：远近一样亮。

学生2：近的时候更亮。

教师：意见不统一，咱们一起做实验观察吧。

学生再次实验，观察光斑亮度的变化。

学生实验有些混乱，你争我抢，一个学生跑过来向老师报告小组内某同学只顾自己做实验，不让其他同学参与。教师播放提示音，声音一响，学生都停止了实验。

教师：请第二组小组长来说一说你们的小组实验是如何分工的？

第二组汇报。

教师：请第五组汇报你们组是按什么顺序轮流实验的？

第五组汇报。

教师：各组都做得非常好，实验时按照从材料员开始的顺时针顺序逐一实验，并由记录员做好实验记录。别人在实验时，自己要认真观察，看看别人的实验结果与自己的实验结果是否一致。

各小组继续实验。

学生交流发现手电筒距离纸面越远，光斑越大、越暗。手电筒距离纸面越近，光斑越小、越亮。

〔交流环节〕

教师：想让光斑又大又亮该怎么办？看哪组能做到。

学生1：让手电筒离得远点。

学生2：把手电筒放得高点。

学生3：把手电筒放得又高又远。

教师按照学生的回答操作手电筒。

教师：这些做法确实使光斑变大了，但并没有变亮。怎样既变大又变亮呢？老师这里有几个手电筒都可以用，看看有什么好的办法。

学生交流方法，师生共同实验。

学生1：把几个手电筒放到一起照。

学生2：把几个手电筒放到不同的位置一起照。

实验：手电筒光叠加。

思考：课堂调控的意义是什么？该课堂中教师用了哪些调控策略？效果如何？怎样根据课堂实际进行课堂调控？

本章小结

在以往的小学科学课堂调控中，教师常处于主导地位，学生常处于被动地位。随着 2022 年版课标新要求的提出，教师需要提升课堂调控能力，营造轻松愉快的课堂氛围，充分发挥学生在课堂上的主体作用。在 2022 年版课标的要求下，本章提出了教师在课堂调控中的各项调控重点和调控策略。在调控重点方面，教师需要关注学生的学习规则与学习习惯，协调班级集体与学生个体之间的关系，在提升整个班级学习效率的同时，兼顾每一个学生的个性化发展。同时，为了更好地实现对课堂的调控，教师需要对课堂内容、过程有精心的准备，能够沉着处理各种突发情况。在调控策略方面，教师需要学习组织与协调策略，分配好课堂各项内容的时间和方法。针对小学生课堂纪律问题，本章提出了相应的维持纪律的策略，教师可根据学生的违规违纪行为，采取有针对性的策略。对于课堂中的偶发事件，科学教师也应该做好相关预案，及时果断处置，争取将影响降到最小。

本章内容侧重于提升教师对课堂的调控能力，针对不同调控重点与策略，详细展示了相关案例，进一步帮助教师学习和掌握课堂调控方法，从而提升科学课堂的教学效率，帮助学生更好地学习小学科学。

思政内容

本章涉及的思政内容包括：教师课堂调控能力的高低决定教学目标能否达成，教师应注重培养学生良好的行为习惯，应把握科学教育理念，尊重学生，保护学生的求知欲，创设开放、民主的课堂氛围。

章后练习

1. 小学科学课堂调控的重点有哪些？

2. 小学科学教师需要掌握哪些课堂调控策略？

3. 仔细阅读以下教材内容，设计该堂课的调控方案。

要求：制定探究规则，规划探究时间，预设可能出现的问题，尽量避免偶发事件，为开展教学活动做好准备。

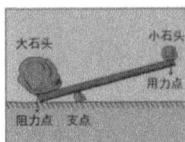

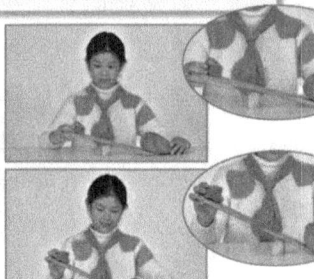

延伸阅读

[1]袁从领. 核心素养导向下的小学科学教育[M]. 长春：东北师范大学出版社，2018.

[2]曾宝俊，夏敏. 小学科学教材教法与教学设计（低年级）[M]. 福州：福建教育出版社，2018.

[3]王宁英子. 科学教学要"形""神"兼备[J]. 人民教育，2022(01)：17.

[4]袁优红. 小学科学有效性教学策略探究：上学生喜欢的科学课[M]. 杭州：浙江大学出版社，2013.

[5]陈容斌. 巧用五个"教学机智"彰显科学课堂活力[J]. 基础教育研究，2012(14)：24-25＋27.

[6]田伟，辛涛，胡卫平. 义务教育阶段的科学教育：关键问题与对策建议[J]. 北京师范大学学报(社会科学版)，2021(03)：82-91.

[7]高潇怡，孙慧芳. 小学科学教师的跨学科概念理解：水平、特征与建议[J]. 教师教育研究，2020，32(06)：68-75.

第八章

小学科学板书设计技能

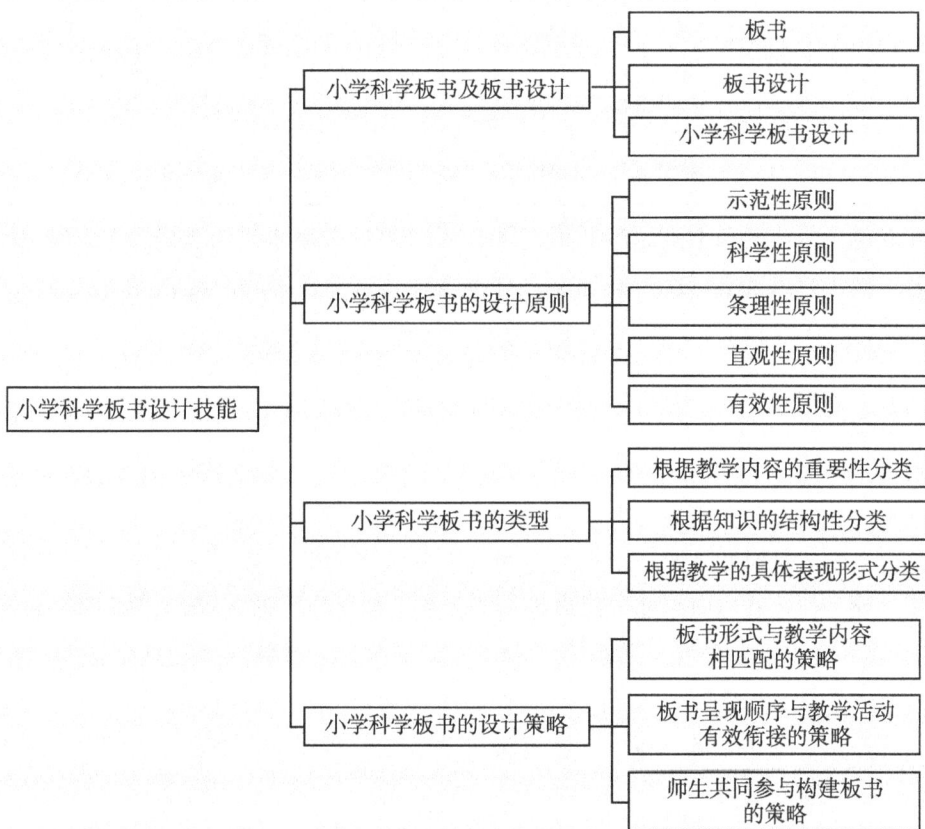

```
                                        ┌─────────────────────────┐
                            ┌───────────│          板书           │
                            │           ├─────────────────────────┤
          小学科学板书及板书设计 ├───────────│         板书设计          │
                            │           ├─────────────────────────┤
                            └───────────│      小学科学板书设计       │
                                        └─────────────────────────┘
                                        ┌─────────────────────────┐
                            ┌───────────│        示范性原则         │
                            │           ├─────────────────────────┤
                            │           │        科学性原则         │
                            │           ├─────────────────────────┤
          小学科学板书的设计原则 ├───────────│        条理性原则         │
                            │           ├─────────────────────────┤
                            │           │        直观性原则         │
                            │           ├─────────────────────────┤
                            └───────────│        有效性原则         │
                                        └─────────────────────────┘
 小学科学板书设计技能 ─┤                   ┌─────────────────────────┐
                            ┌───────────│   根据教学内容的重要性分类    │
                            │           ├─────────────────────────┤
           小学科学板书的类型 ├───────────│   根据知识的结构性分类       │
                            │           ├─────────────────────────┤
                            └───────────│  根据教学的具体表现形式分类    │
                                        └─────────────────────────┘
                                        ┌─────────────────────────┐
                            ┌───────────│   板书形式与教学内容        │
                            │           │     相匹配的策略          │
                            │           ├─────────────────────────┤
           小学科学板书的设计策略├───────────│   板书呈现顺序与教学活动     │
                            │           │     有效衔接的策略         │
                            │           ├─────────────────────────┤
                            └───────────│   师生共同参与构建板书       │
                                        │       的策略            │
                                        └─────────────────────────┘
```

本章概述

在小学科学课堂中，板书类似一个极微型教案，既能体现一堂课的教学思路，又能起到理清学习思路的作用。[①] 因此，教师需要精心设计每堂课的板书，使其充分发挥应有的作用。本章重点介绍板书的多种类型以及板书设计的基本原则，并在此基础上为小学科学教师提供一些设计板书的策略。希望通过本章内容的学习，教师在设计和运用板书方面的能力能得到提升，从而获得良好的课堂教学效果。

---

① 冯智华：《浅谈科学课中的板书设计》，载《黑龙江科技信息》，2009(26)。

第一节
小学科学板书及板书设计

> 好的板书就是要交给学生一串钥匙，使学生用它打开学习的大门，自己去发现知识，获取知识，这就要求教师在设计板书时要具有启发性，能引起联想，能唤起学生对课文的想象和记忆，帮助学生理解知识，引起思索。
>
> ——刘显国：《板书艺术》，62页，北京，中国林业出版社，1999。

随着现代信息技术手段的不断推广和应用，使用多媒体课件已成为教学常态，与此同时，传统的黑板书写逐渐被忽略。有些教师认为黑板书写只是简单地记录，用多媒体课件替代了黑板书写。本节主要阐述板书、板书设计和小学科学板书设计的含义。

一、板书

板书一词在我国古代就出现了。《后汉书·志·礼仪中》有言："否则召太史令各板书，封以皂囊，送西陛。"此处板书的意思是在笏板上书写奏章，这和今天所说的板书有不同之处，但也有相同之处，即都指书写在板上的文字。何芷等《白马将军》第一章："年过半百的方先生在黑板上写着'文天祥《过零丁洋》'一行板书。"这里是指"教师上课时用粉笔在黑板上写字"[1]，与我们现在的板书含义相近。《现代汉语词典（第7版）》对板书的解释是：①在黑板上写字：需要板书的地方，在备课时都做了记号。②在黑板上写的字：工整的板书。

已有文献中也有一些关于板书的定义。彭小明认为："板书是教师利用黑板，运用文字、符号、图表辅助课堂教学的最平凡、最基本的教学手段，是中小学教师根据教学需要，在黑板上表情达意、教书育人的黑板书面语言。教学板书是教师对教材科学研究的结果，又是教师审美旨趣、艺术个性的体现。"[2]李德前认为："板书是教师运用黑板或多媒体设备以凝练图文传递学习信息的一种教学手段。一块好的板书应该是：文字准确有科学性，书写规范有教育性，重点突出有鲜明性，详略得当有目的性，层次分明有条理性，布局合理有计划性，画龙点睛有概括性，开拓思路有启发性，新颖

---

① 罗竹风：《汉语大词典》，864页，上海，汉语大词典出版社，2001。
② 彭小明：《教学板书设计论》，载《教育评论》，2005(6)。

美观有艺术性。"①

根据以上定义，我们可以将板书界定为教师根据教学的需要，在黑板上呈现具有科学性、概括性、条理性、启发性和艺术性的图文来教书育人的活动。

二、板书设计

板书设计是教学设计中的必要一环，在整个教学设计中起到画龙点睛的作用。在词源方面，《现代汉语词典（第 7 版）》中对设计的释义为：在正式做某项工作之前，根据一定的目的要求，预先制定方法、图样等。板书设计则是在授课前，按照教学的要求，对板书进行编排，以实现教学目标的一种手段。

板书设计是一门学问，涉及学科逻辑、教学内容、教育对象、教学方法等多个方面。因此，每一个板书设计都有从构思到定稿的过程。板书设计的逻辑是以教学目标为出发点，遵循教育教学规律，从而将科学知识结构、学生认知结构和教师导学结构统一起来。通过板书设计，教师能够将抽象知识具象化、复杂知识简单化，能够突出教学重点，对学生学习起到很好的促进作用。

教学板书是一门独特的艺术。教师应掌握多种艺术设计技巧，并在教学实践中不断探索创新，如综合运用简笔画、线条、色彩等手段，使板书更加美观、简洁、准确、完整，将科学知识与艺术化板书融合，吸引学生的注意，帮助学生建构科学概念，发展学生的逻辑思维。小学科学教师要坚持科学教学理念，运用多种艺术手段进行板书设计，力求做到科学、美观，用板书润泽学生的心灵。

【拓展阅读】板书的系统化设计②

教学板书设计是一个动态、复杂的过程。其中教师、教材、媒体、学生这四个要素起决定性作用。

第一，教师是板书主体。教师只有对课程标准和教材进行认真剖析，才能确定教学的方法和媒介。板书作为教师传道受业解惑的媒介，其系统化的程度取决于教师的美学修养、知识水平、从教经历、创造能力和基本教学技能。

第二，教材是板书客体。板书是对教材内容进行高度提炼的产物。要想将板书设计系统化，教师需要考虑教材编写者的逻辑思路，从整体到部分，突出重点，归纳总结出精练的语言，形成板书。

第三，媒体是板书载体。板书的呈现多通过文字、线条、图形、表格和色彩等形

---

① 李德前：《例谈初中化学教学的板书设计》，载《化学教学》，2012(3)。
② 彭小明：《教学板书设计系统论》，载《教育评论》，2003(4)。

式，现如今以多媒体形式为主。教师需要根据学生的心理特点，选择适合的载体，从而对板书进行系统化设计。

第四，学生是板书受体。教学的对象是学生，教师系统化地设计板书最终是为了让学生更好地掌握知识。因此，教师对板书进行系统化设计时需要考虑学生的兴趣爱好、年龄心理特征和接受水平。

三、小学科学板书设计

小学科学的教学思想和实施策略是在教学过程中反映出来的，因而也反映在小学科学的板书设计中。小学科学教师应注重板书设计，使其达到提高学生科学思维水平、加深学生对科学概念的认识和记忆的目的。

多重信息（图、文、表）的呈现有利于学生记忆核心知识。结构化信息的呈现有利于学生在大脑里建构结构化的知识体系。在小学阶段，学生的思维逐步由具象思维转变为抽象逻辑，而抽象的逻辑思考与直观的情感经验有着密切的联系。因此，在板书设计的过程中，教师要充分考虑学生的思维特征，运用图形、符号、表格和简练的词语等增强板书的直观性和指向性，以此增强学生对科学概念的理解和学习科学的兴趣。

【案例】

在"我们的小缆车"一课中，图文结合式板书与纯文字板书相比具有直观易懂的特点（如图 8-1 所示）。设计图文结合式板书的方法是提取科学概念中的关键词，简化科学概念，用线条、简单的图形、符号取代部分文本，使板书简洁明了，方便学生对复杂抽象概念进行理解和记忆。①

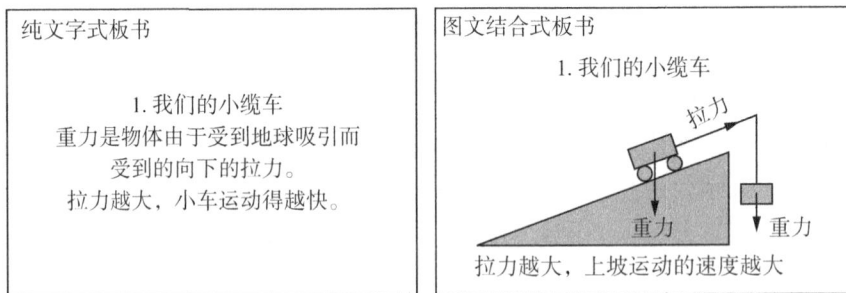

图 8-1 "我们的小缆车"纯文字板书和图文结合式板书

---

① 罗睿：《巧妙设计小学科学课板书》，载《广西教育》，2017(41)。

第二节
小学科学板书的设计原则

> 板书是影响教学效果的因素之一。精美的板书具有高度的概括性。它给予学生知识的精华和美的享受。它可以展示知识结构，建造知识网络，体现学习方法。可是，一些课堂的板书却令人失望。有的板书杂乱无章，使人理不出头绪；有的信手涂写，不分主次；有的只是教科书的拓印，毫无特色。因此，要想设计出优秀的板书，首先要清楚板书设计的原则。
>
> ——刘金祥：《小学数学板书设计原则》，载《黑龙江教育》，2000(3)。

板书设计是对板书的设想和规划。板书并不是形式单一、枯燥乏味的"黑板白字"，而是教师依据教学经验设计出的具有一定逻辑结构和认知特点的知识体系。板书设计需要遵循一定的原则。下面结合小学科学课程的特点，介绍五种板书设计原则。

一、示范性原则

叶圣陶先生说："教育是什么，往简单方面说，只须一句话，就是要养成良好的习惯。"[1]小学生的年龄小，可塑性强。小学生的学习往往是从模仿开始的，因而教师的举手投足都要孕育着教育。在课堂教学中，小学科学教师要注意自己的板书书写习惯，这有利于帮助小学生形成良好的书写习惯，这种良好的习惯可使他们受益终身。

小学科学教师进行板书时要做到：①遵循汉字的书写规律，做到书写规范、字形工整、字意准确、美观匀称；②按照汉字的基本笔画和笔顺规则写字，不倒插笔，不写自造简化字；③板书的内容要让教室最后一排的学生也清楚地看到；④板书书写的过程遵循"一字一句"原则，让班级所有学生看清并听清。做到以上几点，教师在教学中便遵循了板书规范、书写准确、有示范性的原则。

---

① 叶至善、叶至美、叶至诚：《叶圣陶集》第十一卷，228页，南京，江苏教育出版社，1991。

二、科学性原则

科学性原则指板书设计要合理，不能超过学生的认知水平，要能反映教学内容的重难点。小学科学教师在进行板书内容设计时，应严格遵循教育与教学的基本原则，并适应小学科学课程和不同年龄小学生的特点。虽然板书在教学过程中是陆续出现的，但最终要成为一个整体。板书应该易于理解并发人深省，不得因大意而出现含义模糊和错误。教师在板书中要使用适当的词语、准确的句子、整洁的线条，这样才能为学生的科学探索提供有力的支持。

三、条理性原则

条理性原则指板书的编排要井然有序，要反映教材内在的逻辑关系、编者的思维脉络和教师的教学目的。板书的词汇要简洁，做到言简意赅，以便于学生理解和记忆。

在课堂上，教师可以利用板书的提示对教学过程进行控制，并让黑板显示学生所要获得的知识和能力。在设计板书时，教师遵循条理性原则，使学生更好地理解教学目标，发展逻辑思考。同时，教师板书的内容也是学习内容的基本构成，可强调教学内容的逻辑性、层次性，有助于学生构建知识体系。

四、直观性原则

荀子说："不闻不若闻之，闻之不若见之。"直观性原则是指让学生直观地感受事物、模型，或者教师用形象的语言来表达。这一原则反映了通过感性的材料、形象的图画和具体的知识能够激发学生的学习兴趣和积极性。直观性原则还包括教师通过展示事物的内部结构、相互关系和发展过程，让学生了解科学的本质，从而进一步了解和运用这些知识。

板书的直观性原则要求教师能够将所讲的内容在黑板上清楚地呈现出来，并让学生对教学内容一目了然。另外，直观性原则还要求板书有图片和文字，使学生能够直观地了解抽象的原理和规律。因此，课前教师要根据教学要求，从实际出发，进行周密的计划和精心的设计，确定好板书的内容，规划好板书的格式和位置，使板书形象具体、鲜明醒目地反映教学内容及其逻辑关系。

【拓展阅读】缄默知识理论对直观性原则新的理解①

物理化学家、思想家波兰尼于 1958 年创立了缄默知识这一学说。缄默知识是一种不能用语言、文字或符号来表达的"语言知识""不清楚的知识"。在学生的大脑中，既有系统的知识，也有缄默的知识，这两种知识如果不能结合在一起，对于学生的学习将会产生很大的影响。由于直接经验（缄默的知识）与间接经验（系统的知识）是互为基础、互相促进的矛盾的整体。因此，在直观性教学中，我们不仅要通过直观的方法和直接的体验来认识它，而且要坚持理论与实践相结合的原则。总之，缄默知识说的提出，既让我们重新思考传统的直观性原则，又让我们在其基础上进行创新。最终使我们了解怎样更好地运用直观性原理，更好地运用缄默知识，从而使学生学起来更加轻松。

五、有效性原则

有效性原则指帮助学生在构建知识框架的基础上厘清知识间的逻辑关系，从而掌握核心知识。小学科学教师在板书设计时需要对内容进行筛选，避免呈现无用的信息。有效性原则还体现在教师不做费事、费时、费力的板书，不让板书影响课堂教学进度和效率。

第三节
小学科学板书的类型

> 不同类型的板书能给学生不断变化的丰富刺激，利于集中学生的注意力，激发学生的思维。教师在综合运用各种类型的板书时要注意各种类型板书的特点和要求，针对教学任务和要求设计效果理想的、能突出重点和突破难点的板书。
> ——李巧：《多媒体视角下数学课堂传统板书的设计》，载《教学与管理》，2014(4)。

在教学中，教师可以针对不同的教学内容对板书进行设计。设计的线索常常是知识的内在逻辑。设计的视角不同，板书的分类也就不同，常见的分类有三种：为了强调教学内容的重要性，可将板书划分为基本板书和辅助板书两种；为了凸显知

---

① 吴惠玲：《直观性原则的探析》，载《科技视界》，2012(26)。

识的结构性，可以将板书划分为关键语词式板书、提纲式板书、对比式板书、回环式板书等几种形式；为了更具体、形象地表现知识，可以将板书分为表格式板书、图示式板书、图画式板书等几种形式。

一、根据教学内容的重要性分类

(一)基本板书

基本板书体现一节课最为重要的内容，也体现一节课的基本逻辑和教学内容的重难点。基本板书作为整个板书的骨架，一般"一课一板"，并保留到课堂教学结束。如果把黑板分成左、中、右三个部分，那么基础板书则占据黑板的中间部分。科学课的基本板书一般分为概念栏和例题栏。

(二)辅助板书

辅助板书是针对教学过程中的临时性需求，对基本板书进行专门的补充或辅助指导，并对散乱的知识进行提示的板书。辅助板书的内容比较宽泛，形式上更具弹性，并且在时间上也具有一定的随机性。因此，辅助板书通常会显得比较散漫。辅助板书可边写边擦，但通常要保留一段时间或不擦掉。在教学实践中，教师习惯将辅助板书放在黑板或屏幕的左右两边。例如，教科版小学科学教材三年级上册第一章第六节"怎样加快溶解"的辅助板书如下。

<pre>
对比   水一样多   搅拌
            糖一样多   弄碎
            同时放   用热水
</pre>

二、根据知识的结构性分类

(一)关键语词式板书

关键语词式板书是教师在教学内容重难点中选取和归纳出关键词作为板书。这种板书具有简洁性和启发性。使用这种板书的前提是教师对教学内容本质有深入的认识，并善于概括和准确选词。例如，教科版小学科学教材三年级上册第四章第五节"我们周围的空气"的板书设计如下。

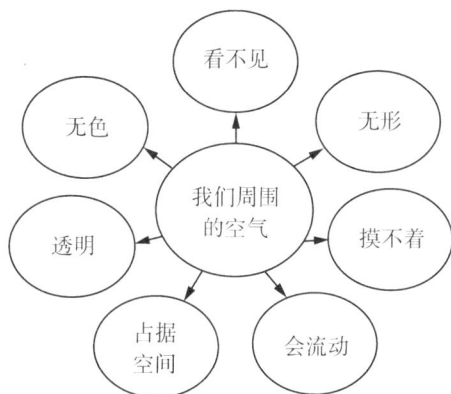

（二）提纲式板书

提纲式板书是一种用大纲呈现的板书，教师按章节分层次地列出教材中的知识结构，这能够帮助学生理解和记忆教学内容和知识结构。提纲式板书是教师通过教材中的重点语词对教学内容进行归纳和编排的产物，具有条理清楚、从属关系明确、形象清晰等优点。这种板书适合内容丰富、结构明确、层次分明的教学内容。例如，苏教版小学科学教材一年级下册第二单元第五节"玩转小水轮"的板书设计如下。

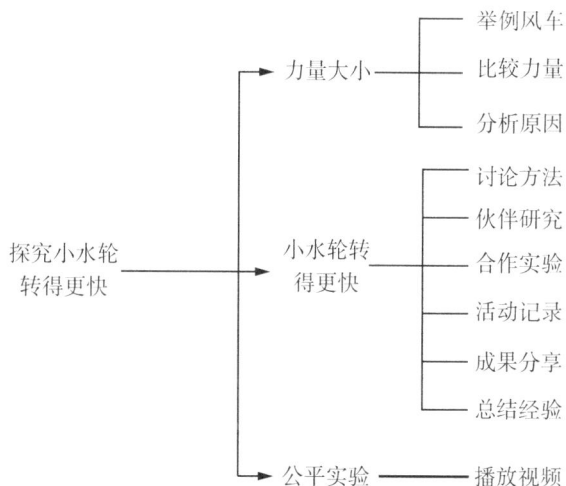

（三）对比式板书

对比式板书是将教学内容中相互对立且对应的两部分集中在一起的板书。比较是人们认识事物、分析事物的思维过程。准确地讲，比较就是运用对比的手段确定事物异同关系的思维过程方法。这种板书可使相关教学内容形成鲜明的对照，使学生能够清晰地看到事物之间的区别与联系。例如，苏教版小学科学教材五年级上册第三单元

第五节"热传导"的板书设计如下。①

| 导体 | 和 | 绝缘体 |

⇩   ⇩

容易导电   不容易导电

金属   木头　塑料　橡胶

安全用电

(四)回环式板书

回环式板书指一种形状为环形的板书。这种板书按照一定的顺序将知识排列成环形结构,使得教学内容更加清晰,化简为繁,让学生认识到知识之间的连带性,促进学生抽象思维的发展,帮助学生厘清事物的内部逻辑关系。一般情况下,回环式板书是按事物发展的顺序安排的。例如,在苏教版小学科学教材一年级上册第四单元第十节"自然世界与人工世界"中,讲到自然世界和人类世界的关系时,教师可以用回环式板书,板书设计如下。

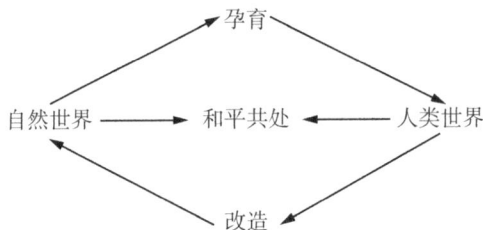

三、根据教学的具体表现形式分类

(一)表格式板书

表格式板书是教师按照教科书的具体类别和主题进行设计的板书。有的教学内容比较零散,教师整理归纳后以表格的形式呈现出来,教学内容就显得简约明了、整齐对称且条理清楚。教师设计表格式板书时,要注意选好表目、厘清内容和照应关系。在使用该种板书的时候,教师可以设计相对应的问题,在讲解中边问边答,并将重点词语填入表格。这种板书的最大特征是便于学生掌握所学的内容。

另外,这种板书适用于呈现并列知识或有对比关系的教学内容,有时也与提纲式

---

① 徐敬标:《小学科学教学技能》,167 页,上海,华东师范大学出版社,2010。

板书配合使用。板书通过横向对比和纵向归纳的方式，体现教学内容的重点，帮助学生建立知识体系。例如，苏教版小学科学教材二年级上册第四单元第十节"明亮与黑暗"，教师引导学生探究手电筒直射桌面时的高度与光斑大小、亮暗之间的关系，板书设计如下。

手电筒	亮	暗
	近（低）	远（高）
光斑	小	大
	亮	暗

(二)图示式板书

图示式板书是通过线条、箭头、符号和图标等方式将所学知识进行连接，从而使知识能够正确地反映所学内容的层次和章节之间的逻辑关系。图示能把教学中的重难点形象化、具体化，并化难为易。例如，苏教版小学科学教材二年级上册第三单元第八节"形状改变了"一课的板书设计如下。

(三)图画式板书

图画式板书是教师用绘画的形式来生动地表现教学内容的板书。通过图画，教师能够把事物的形态、结构等形象地展现出来，一般用于事物形态或物体内部结构的教学。图画式板书多以教学简笔画的形式呈现。例如，教科版小学科学教材一年级上册第一章第三节"观察叶"一课就有画叶子形态的学习任务，该环节的板书设计如下。

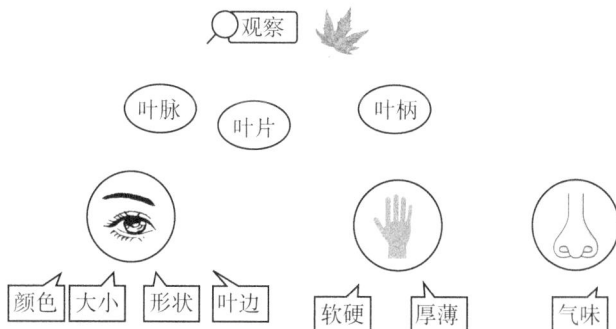

第四节
小学科学板书的设计策略

> 古人云："善歌者使人继其声，善教者使人继其志。"作为教师，我们无时无刻不在进行教学研究，目的就是为了让学生习惯并喜欢我们的教学，实现生命成长。的确，现代化多媒体教学确实可以让我们节省时间，但作为教师，课堂要与时俱进，深入钻研课标和教材并积极思考，设计出有意义、有意境、有美感的创意板书，这样才能更加贴近学生思想，拉近师生距离，提升教学效率。
> ——童敏：《创意板书设计的问题及矫正策略》，载《中学政治教学参考》，2022(14)。

小学科学课程中有很多看似简单但其实学生难以理解的概念课，教师需要站在学生思维的起点，通过创设生活情境，提出启发性问题，设计条理清晰、生动有趣的教学板书来激发学生的思考，引领学生思维发展。小学科学教师在教学过程中应该了解和掌握多种板书设计的策略，提高教学板书的实效。下面阐述三种常见的板书设计策略。

一、板书形式与教学内容相匹配的策略

优秀的板书要与课堂的教学内容相适应，整个板书的设计要做到内容完整、结构合理、逻辑清晰。

板书的内容设计要根据教材做到内容完整。板书需要以突出整体的知识为思路，以课程的核心内容为要素，建立起知识的主体结构，让学生在学习的过程中形成整体的概念，从宏观的角度来理解教学内容。2022 年版课标提出：科学课程设置 13 个学科核心概念，是所有学生在义务教育阶段应该掌握的科学课程的核心内容。通过对学科核心概念的学习，理解物质与能量、结构与功能、系统与模型、稳定与变化 4 个跨学科概念。将科学观念、科学思维、探究实践、态度责任等核心素养的培养有机融入学科核心概念的学习过程中。13 个学科核心概念对小学科学的教学内容进行了精练，突出了重点，使学生能更好地了解学科知识，并为将来运用知识解决问题做好准备。在设计板书时，教师可以借鉴 2022 年版课标的教育思路，按照 2022 年版课标的要求，重点关注课程主要知识，省略一些次要、同质的内容，设计出内容精练、结构清晰、

能够反映课程主体架构的板书，使学生能够从整体层面学习、复习课程知识。① 这样的板书设计可达到科学、准确、醒目、规范和易记的要求，真正成为提高课堂教学效率的有效手段。

板书结构要体现教学内容的框架，具备合理性。小学科学的板书设计要考虑其学科的类型和特点。板书结构的合理性包含以下三个方面：①板书内容的结构呈现要考虑小学科学教学的实际情况，根据教学目标选择板书类型和板书方式等；②板书设计的目的是帮助学生理解教学内容，故可以考虑教学内容的特点和结构来进行板书设计；③教学板书的设计应考虑整体，使板书在一定程度上对称，将文字、图画、线条等协调在一起，培养学生的美感。

板书设计的逻辑要和教学内容的逻辑相统一。科学现象和科学规律的发现和研究都是渐进、累积的过程，蕴含着人类认识和探索客观世界的思维逻辑。板书设计的逻辑可以按照科学规律的发现与研究的顺序，通过具体问题连接不同内容，层层推进课堂讲解，展现章节知识的基本脉络，使学生了解科学研究的前因后果和课程知识的内在逻辑。对学生而言，这样的板书逻辑合理、思路清晰、衔接顺畅，一方面可以促使他们较容易地理解科学研究的进程及逻辑承袭，深入理解、掌握知识；另一方面能促使他们沿着科学家的研究思路思考问题，有效调动其课堂思考积极性，发展科学思维。

教学板书设计不仅要考虑到教学的时空条件，如课堂教学实践、黑板容量、板书和作图的工具等，还应关注学生的年龄特征与接受能力。教学板书应根据学生的发展水平，由简到繁、由浅到深、由具体到抽象，从而在顺应学生个性的前提下，积极推动学生思维的发展。

二、板书呈现顺序与教学活动有效衔接的策略

板书在课堂上一般是逐步呈现的，书写板书的时间和顺序是教师需要仔细斟酌、合理安排的。板书呈现得太早，学生会觉得突兀；呈现得太晚，学生会觉得多余。因此，教师在板书设计时要根据不同的教学任务有所改变，换句话说，板书呈现要具有弹性。

板书的呈现顺序与教学活动息息相关。小学科学教师在教学时需要在恰当的时间呈现板书，这样才能使课堂高效推进。当教学内容有一定难度时，教师可选择先讲后写，即先通过口头语言进行详细讲解，然后使用板书对教学内容总结归纳，这样能有效引导学生时刻跟随教师的思路。进行例题讲解的时候，教师可以选择先写后讲，即先完整地呈现板书内容，再进行口头讲解，这样可以加深学生对问题的理解。讲解新内容时，教

---

①　杨小亮：《高中生物学板书设计策略》，载《中学生物教学》，2021(27)。

师可以选择边写边讲，即在口头讲到某部分内容时，立刻写出相应的板书，这种方式能够凸显新知识的重难点，而且可以为学生提供思考的时间，激发学生的学习兴趣。

另外，为了使板书呈现和教学活动高效衔接，小学科学教师需要提前考虑板面，合理布局。常见的板书布局主要有四种：①中心板。以整块黑板的中间为主板，自始至终保持整洁，不轻易擦除。黑板的两侧留有少许空白板面，以供辅助板书使用，随用随擦。②两分板。板面一分为二，左侧为主板，右侧供辅助板书使用。③三分板。以黑板左侧为主板，所讲内容提纲挈领，写大标题，内容始终不擦；中间部分为副板书，是小标题的板书位置；黑板右侧作为机动区域，供绘图或补充说明用。④四分或五分板。将大标题横向排列，大标题下方排列小标题内容，力求简练，一课一板，基本不擦，此种布局具有整体感强的特征。板书布局应力求主次分明。主板内容少而精，且保持整洁，在整节课中不轻易擦去；副板的大小标题应条理清楚、层次分明。① 在设计板书时，教师应注意留白，对不能反映在板书上的内容，可以用省略号、空格等方法加以隐藏，让学生自己摸索，让他们有足够的时间来思考。留白既可以节省教学时间，又可以突出教学重点，且有利于培养学生的思维。

三、师生共同参与构建板书的策略

教师要充分尊重学生的思想和观点，把学生的观点和自己的板书结合起来，或者引导他们逐渐融入板书的设计。

让学生参与板书的设计，教师首先应将学生的积极性调动起来，然后使他们主动参与学习，满足他们的表现欲，教师则扮演舵手的角色，完成"引"和"导"的任务。例如，教科版小学科学教材一年级下册第二章第三课"观察一种动物"这一课，教学重点是引导学生学会按一定的顺序观察动物。教师给学生分发板贴，让学生把观察到的动物特点写在板贴上，讨论结束后请几个学生上讲台，以整体到部分或部分到整体的顺序排列板贴，最后让学生按板书呈现的顺序描述小兔子的特点。

在小学科学教学过程中，教师和学生一起参与板书设计，可以克服教师"单打独斗"的弊端，也能有效调整课堂气氛，使学生在轻松愉快的环境中学习，促进其身心发展。

本章小结

　　　　板书是展示一堂课的"窗口"。逻辑清晰、层次分明的板书能够突出教学重难点，体现一节课(或一章)的知识结构。图文并茂、趣味盎然、独具匠心

---

① 北京师联教育科学研究所：《小学数学新课程规范化教学板书设计》，2～3页，北京，学苑出版社，2002。

的板书能激发学生的学习兴趣，加深其理解和记忆，锻炼其思维能力。在实际教学中，板书并非单纯的教学大纲或课堂的流水账，它反映了教学内容的核心和精华，是教学内容结构化的重要载体，有很大的探索与创新空间。本章主要阐述板书的概念、设计原则、类型及设计策略，并赋予板书以促进小学生科学素养发展的内涵。小学科学教师只有掌握和灵活运用板书技巧，才能真正提高自己教学的质量。

思政内容

　　好的板书是独特、创新、富有个性和极具审美价值的，如同一把钥匙，能够开启科学智慧之门。小学科学教师是科学知识美的耕耘者、科学实验美的开拓者、科学方法美的教育者，要以美的标准设计板书、使用板书，达到以美启智的教学目的。小学科学教学板书的设计基于小学科学教师专业知识的积累，换句话说，只有拥有较高专业知识水平的教师才能设计出具有科学性与艺术性的板书。此外，教师的创新性思维能力有助于提升板书的设计水平。缺乏创新性思维能力的科学教师不可能在教学板书上有新的突破和创意。

章后练习

　　1. 小学科学课程的板书有哪些类型？

　　2. 小学科学课程板书有很多技巧，请依据自己的理解，总结本章中的板书技巧，并谈谈还有哪些板书技巧。

　　3. 小学科学教师可以采用哪些板书设计策略来完成高质量板书？请说明理由。

延伸阅读

　　[1] 彭小明. 教学板书设计系统论[J]. 教育评论，2003(04)：63-65.

　　[2] 吴立忠. 关于板书本质的新阐释[J]. 教学与管理，2010(13)：3-5.

　　[3] 郭晓光. 多媒体教学与板书教学的再认识[J]. 中国教育学刊，2014(02)：71-74.

　　[4] 王松泉. 板书学[M]. 上海：上海交通大学出版社，1995.

　　[5] 裘大彭，任平. 课堂教学中的板书技能[J]. 人民教育，1995(06)：38-40.

　　[6] 徐敬标. 小学科学教学技能[M]. 上海：华东师范大学出版社，2010.

　　[7] 邵光华. 小学课堂教学技能训练[M]. 北京：高等教育出版社，2011.

第九章

小学科学课程资源的开发

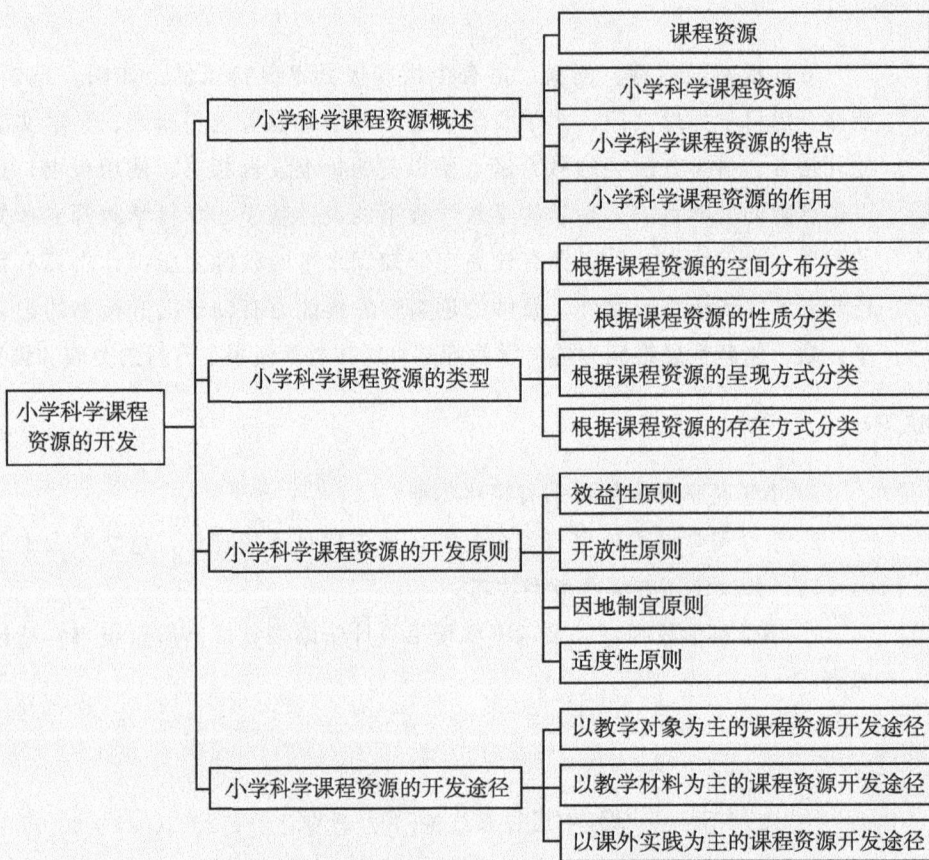

```
                                    ┌─────────────────────┐
                        ┌───────────│      课程资源        │
                        │           ├─────────────────────┤
            ┌───────────────────┐   │  小学科学课程资源    │
            │ 小学科学课程资源概述 │───┤─────────────────────┤
            └───────────────────┘   │ 小学科学课程资源的特点 │
                        │           ├─────────────────────┤
                        └───────────│ 小学科学课程资源的作用 │
                                    └─────────────────────┘

                                    ┌───────────────────────┐
                        ┌───────────│ 根据课程资源的空间分布分类 │
                        │           ├───────────────────────┤
            ┌───────────────────┐   │ 根据课程资源的性质分类    │
            │ 小学科学课程资源的类型 │──┤───────────────────────┤
            └───────────────────┘   │ 根据课程资源的呈现方式分类 │
                        │           ├───────────────────────┤
                        └───────────│ 根据课程资源的存在方式分类 │
                                    └───────────────────────┘

┌──────────────┐
│ 小学科学课程   │                    ┌──────────────┐
│ 资源的开发     │────────┐          ┌─│   效益性原则   │
└──────────────┘        │          │ ├──────────────┤
                        │  ┌───────────────────────┐ │  开放性原则   │
                        ├──│ 小学科学课程资源的开发原则 │─┤──────────────┤
                        │  └───────────────────────┘ │  因地制宜原则  │
                        │          │ ├──────────────┤
                        │          └─│   适度性原则   │
                        │            └──────────────┘

                        │            ┌─────────────────────────┐
                        │          ┌─│ 以教学对象为主的课程资源开发途径 │
                        │          │ ├─────────────────────────┤
                        │  ┌───────────────────────┐ │ 以教学材料为主的课程资源开发途径 │
                        └──│ 小学科学课程资源的开发途径 │─┤─────────────────────────┤
                           └───────────────────────┘ │ 以课外实践为主的课程资源开发途径 │
                                      └─────────────────────────┘
```

本章概述

　　随着我国基础教育课程改革的持续深入，小学科学教师已深刻认识到课程资源的开发与利用是小学生科学素养形成的基石。因此，本章主要介绍小学科学课程资源及其特点和作用，并在此基础上，阐述课程资源的类型和开发原则，提供几种小学科学课程资源开发的途径，供教师参考。

第一节
小学科学课程资源概述

> 在学习者看来，对于"什么是重要内容"的学习（如在问题解决或迎接挑战时，是什么帮助你领会更多、做得更好）而言，内容逻辑并不符合学生的认知逻辑。这就需要教师为学生提供符合学生认知逻辑的课程资源以补充教材内容，真正为学生学习铺平道路，便于学生真正理解学习内容的逻辑。
>
> ——[美]格兰特·威金斯、[美]杰伊·麦克泰格：《追求理解的教学设计（第二版）》，402页，上海，华东师范大学出版社，2017。

小学科学课程资源的开发与利用主要是从我国小学生年龄特征出发，探寻能够直接进入小学科学课堂的课程资源。小学科学教师应从开发小学科学课程资源的社会现实需求出发，根据本地实际情况和本校资源开发的实际需求，全面地发掘和利用课程资源潜在的科学教育和教学价值，最终达到开发小学科学课程资源的目的。下面对课程资源以及小学科学课程资源的内涵、特点及作用进行阐释。

一、课程资源

拉尔夫·泰勒被认为是最早研究课程资源的专家，他在著作《课程与教学的基本原则》中首次使用了"课程资源"的概念。基于现代教育理念，泰勒认为课程资源主要来自对学生本身的研究、对校外当代生活的研究和学科专家的建议；课程资源的内容应包括课程目标资源、教学活动资源、组织教学活动资源和评价资源。[1]

国内学者对课程资源概念的界定提出了一些见解。徐继存等人认为课程资源是课程设计、实施、评价等整个课程编制过程中可以利用的一切人力、物力及自然资源的总和，包括教材以及学校、家庭、社会中所有有助于提高学生素质的各种资源。[2] 范蔚认为课程资源是富有教育价值的，能够转化为学校课程或服务于学校课程的各种条件的总和。[3] 基于此，我们可以认为课程资源是能够应用于教学活动的各种条件和材料。

---

① 范兆雄：《课程资源系统分析》，载《西北师大学报（社会科学版）》，2002(3)。

② 徐继存、段兆兵、陈琼：《论课程资源及其开发与利用》，载《学科教育》，2002(2)。

③ 范蔚：《实施综合实践活动对课程资源的开发利用》，载《教育科学研究》，2002(3)。

二、小学科学课程资源

小学科学课程是培育小学生科学素养的课程。它倡导让学生亲身体验，开展探究式科学教学活动，引起学生探索世界的兴趣，发展学生对自然科学本质的认识，教会学生以科学的方式思考问题。小学科学教学离不开各种课程资源的支持。对小学科学课程资源内涵的准确理解是小学科学课程资源开发与应用的前提。2022年版课标对小学科学课程资源的内涵做了界定：科学课程资源是指有助于进行科学教学活动的各种资源。由此可以进一步推出，小学科学课程资源是小学科学课程设计、编制、实施和评价等整个过程中可利用的一切人力、物力及自然资源的总和，它包括科学教师、科学教材、科学实验室以及其他广泛存在于学校、家庭、社区和大自然中的所有有利于实现科学课程目标、促进科学教师专业成长和学生个性全面发展的各种资源。

三、小学科学课程资源的特点

小学科学课程资源既是知识、信息和经验的载体，又是小学科学课程实施的媒介。[1] 为了有效地开发和利用小学科学课程资源，教师需要了解小学科学课程资源具备的特点。

(一)多样性

小学科学课程资源不仅来自教材，还来自学校、社会和自然，其来源是具有多样性的。小学科学教师应积极进行多种课程资源的开发与整合，利用学校、家庭、社会、自然、网络和媒体的广泛资源，以教材内容为核心，扩充大量的事实材料，以此增强学生的感性认识，丰富他们的生活经验。

(二)生活性

基于陶行知"生活即教育"的教育理念，小学科学课程资源也应具有生活性。只有在真实的生活场景中，学生才能通过观察和思考提出这样或那样的问题。教师应从学生的日常生活中选取熟悉的材料，作为学生的学习资源，鼓励他们探索身边的事物，以此来培养他们的好奇心和探索精神。

---

[1] 蔡海军、谢强：《小学科学课程资源的开发与利用》，载《湖南第一师范学院学报》，2012(6)。

(三)探究性

小学科学教学的目的是提高学生的科学素养。它强调科学探究,突出科学的本质,从而促进学生的全面发展。小学科学课程资源应具有探究性,而不是简单的现象展示。在利用具有科学探究性的课程资源过程中,教师应设置具有启发性的问题,从而引导学生进行探究,鼓励学生通过不同渠道收集证据并开展学习活动。

四、小学科学课程资源的作用

课程资源可以作为学习内容的介绍或新内容的铺垫和辅助材料,也可以作为新内容的延伸和扩展,还可以用于整合新内容。因此,小学科学教师在进行教学设计时,应根据学生的学习需要选择合适的教学资源,从而提高课堂教学的趣味性、完整性。下面详细介绍小学科学课程资源两个最为重要的作用。

(一)小学科学课程资源有利于丰富课程内容

小学科学教师利用教学资源作为新课导入材料,完善课程内容,可以起到激发学生兴趣与求知欲的作用。因为教材内容不是以学生的认知逻辑来呈现的,课标确定的课程目标也较笼统抽象,所以小学科学教师应把课程资源作为铺垫,通过丰富的课程内容更好地达成教学目标。除此之外,学生对一些学习内容的掌握需要反复实践、不断练习,教师还可以借助课程资源巩固学生所学的教材内容。

(二)小学科学课程资源可促进学生的生活世界与科学世界的融合

科学来自生活,具有生活性的课程资源可以加强小学科学课程与学生社会生活的联结,促进学生生活世界和科学世界的融合。例如,教师在教学中使用多媒体播放新科技的影像资料,可以极大地激发学生的兴趣和想象力;在与科技相关的主题综合实践活动中,教师可以给学生提供智能手机、智能眼镜等设备,激发学生学习的积极性和探索科学的欲望。

第二节
小学科学课程资源的类型

按不同的分类标准,小学科学课程资源可以分成不同类型。按照空间分布,课程资源可分为学校、社区和家庭课程资源三类；按照性质，课程资源可分为自然资源和社会资源两类；按照呈现方式，课程资源可分为文字资源、实物资源、活动资源和信息资源(互联网)四类；按照存在方式，课程资源可分为显性和隐性两类。

一、根据课程资源的空间分布分类

按照空间分布，课程资源可分为学校、社区和家庭课程资源。学校课程资源主要有：科学实验室、植物园、动物园、气象园、观天园及人力资源等。学校课程资源是实现课程目标、促进学生全面发展的最基本、最方便的资源。学校课程资源处于主导地位，而社区课程资源和家庭课程资源起辅助性作用。

社区课程资源主要有：科技馆、博物馆、社区科普教育基地、动物园、植物园、高校科学教育资源、商场、超市、体育场、交通工具、垃圾站、社区居民等。家庭课程资源主要有：人力资源、科技图书、科技游戏等。[1] 社区和家庭课程资源的开发与应用对于教师而言既是一种挑战，也是一种机会。在小学科学教学中，有效地开发与应用社会和家庭资源有利于调动学生多感官参与活动，拓展其获取知识的途径，唤起他们科学探究的欲望。

二、根据课程资源的性质分类

按照性质，课程资源可分为自然资源和社会资源两类。通过多种方式，教师可以将自然、社会中的资源转化为小学科学教学的课程资源。必须指出的是，自然资源应是天然的、自发的，如小学科学课程涉及的动植物、微生物、地貌和地形等。而社会资源则带有人工性和自觉性，如图书馆、博物馆、展览馆，报纸、杂志，广播、电视和网络等。

【拓展阅读】

2022年版课标指出要注重社会资源的开发与利用。要发挥各类科技馆、博物馆、天文馆等科普场馆和高等院校、科研院所、科技园、高新技术企业等机构的作用，把校外学习与校内学习结合起来，因地制宜设立科学教育基地，补充校内资源的不足。要利用学校周围的自然资源和社会资源，通过实地考察、研学实践、环保行动等途径进行科学学习。学校应充分发挥科技工作者对科学教育的重要作用，聘请专家参与教师培训、课程开发和科学教育活动。

---

[1] 李中国：《小学科学教学设计》，153 页，北京，高等教育出版社，2017。

三、根据课程资源的呈现方式分类

按照呈现方式，课程资源可分为文字资源、实物资源、活动资源和信息资源四类。文字资源是最古老、最重要的呈现方式，人类的思想、智慧、文化和文明大部分是通过文字的形式传递下来的，文字也有效推动了人类教育的发展。实物资源有很多种：一种是动植物、矿石等天然物质；另一种是人们在生产和生活中创造的物品，如房屋、衣服等；还有一种是专为教育教学活动设计的物品，如笔、书本、仪器等。[①] 活动资源主要有：班集体活动、社团活动、社会调查、实习活动、师生互动、学生互动等。对活动资源的充分开发与利用有助于突破传统的课堂教学方式，促进学生对科学知识的掌握，提高其社会适应和组织能力，培养其健全的人格。

随着现代科技与互联网技术的快速发展，信息资源在小学科学课程资源体系中的地位逐步提高。以计算机网络为代表的信息资源可以有效地扩大小学科学教学的规模，提高教学质量。但是，由于网络信息资源错综复杂、包罗万象，小学科学教师需要对信息资源进行甄别并合理使用。

【拓展阅读】

2022 年版课标指出要充分利用网络资源开展科学教学。教师要积极参与网络资源建设，充分利用网络资源，运用在线学习、微课、资料查询等方式，促进信息技术与科学学习深度融合，为教学服务。教师可以利用科学教学网站或资源库，运用各种网络平台或工具，开展网络研修或科学教学信息交流活动，提高自己的专业水平。教师应利用信息技术辅助手段，如虚拟仿真实验、数字化实验等，让学生比较直观便捷地学习相关知识。学校与教师还应关注数字化教材、音像资料、多媒体软件等资源的开发与使用。

四、根据课程资源的存在方式分类

按照存在方式，课程资源可分为显性资源与隐性资源两类。显性资源是能够直接应用到小学科学教学活动的课程资源，如教材、计算机网络以及自然和社会中的实物、活动等。隐性资源则以潜移默化的形式对教学活动产生影响，包括社会风气、家庭气氛、师生关系等。显性资源是有限的，而隐性资源是持续、无限的。在课程改革不断深化的背景下，教师要树立"课程资源无所不在"的新观念。在小学科学教学中，教师

---

① 叶勤：《小学科学教学设计与案例分析》，167 页，北京，中国人民大学出版社，2021。

要具有隐性资源开发意识，通过整合和优化校园内外的隐性资源，发掘学生的自我教育价值，以达到优化课堂教学的目的。

【案例】

徐州市某小学一年级教师张老师在教授苏教版小学科学教材一年级下册第四单元第十一课"多姿多彩的植物"时，利用博客发布"春天的叶子"主题实践活动启事。该活动发布后立即引起了班级学生的兴趣。学生在家长的帮助下收集资料、观察思考。

班内很少说话的小夏同学第一个在网上找到柳树叶子的图片。接着，小唐等同学纷纷上传有关柳树叶子的科普或赞美文学作品。小刘同学还找到了一个"春天的叶子"视频网站。以往学习存在困难的学生也把美丽的春色图片上传到博客。由此可见，学生对本次活动的反应都很积极。

张老师阅览了与春天的叶子相关的资料，从中精选了几篇适合小学生在课堂上共同阅读交流的文章。小李同学找到的《春天来了，树木为什么会变绿？》一文帮助同学了解了树木四季变化的科学知识。关于如何留住树叶的价值，张老师提前引导学生进行手工制作活动，制作出的标本供上课时使用，当学生使用学习材料，发现有自己同学的名字时，他们会觉得：原来我们可以和老师一起编教材！①

学习任务：请分析上述案例运用了哪些类型的课程资源？

第三节
小学科学课程资源的开发原则

> 课程资源开发是开发主体在主导价值取向的指导下，遵循一定的伦理道德规范，从自然、社会和人组成的资源生态系统中，开发出能够满足社区、学校、学生需要的资源的教育实践活动。课程资源开发应该遵循一定的伦理原则，它是课程资源生态性存在的内在要求，也是课程资源开发实践的深切呼唤。
>
> ——罗儒国、吴景芝：《课程资源开发的伦理原则初探》，载《教育评论》，2003(5)。

在小学科学教学中，有些教师习惯于照本宣科，不善于查找和整合身边的课程资源，没有课程资源开发的意识。有些学生只在课堂上学习小学科学教材的内容，究其

---

① 江梅：《架设跨区域之桥 生成新课程资源——"秋天的叶子"综合实践活动案例》，载《中国电化教育》，2008(7)。

原因可能是教师没有为学生提供更多丰富、生动、鲜活的课程资源，使一些学生对身边的事物、生活现象视而不见，无法灵活运用科学知识，从而导致习得的知识与真实的生活脱离。小学科学教师要熟悉筛选小学科学课程资源的原则，用这些原则有效指导小学科学课程资源的开发与利用。

一、效益性原则

课程资源的开发是为了更好地完成课程目标，促进学生的全面发展。小学科学教学涉及很多科学概念，教师和学生的时间、精力都有限。因此，在开发与利用小学科学课程资源时，教师要在考虑其使用成本的基础上，尽可能节省时间和精力，以取得最好的教学效果。例如，在教授"自然资源"相关内容时，教师可利用学校不远处的风电博物馆来提升教学效果。学生通过观察帆船、提水风车、磨面风车等模型进行资源归类，将风能归为自然资源；也可以通过"和风车较量"等游戏了解风的"威力"；还可以通过博物馆的互动多媒体了解风和风力发电。

在这个例子中，教师充分利用校外资源完成一个单元的学习，体现了课程资源的效益性。不过，校外资源具有更大的开放性与不确定性，教师事先需要做好考察、分析资源、联系相关人员等，这样才能取得较好的教学效果。

二、开放性原则

在开发课程资源时，教师要以一种开放的态度看待科学研究成果，充分挖掘和发展小学科学教学活动所需要的各种课程资源。在开发中，教师应注意各种课程资源空间的开放性和途径的开放性。若某种课程资源能提高教育的质量和效果，无论是在校内还是校外，教师都应给予其发展的空间。途径的开放性指教师通过不同途径获取课程资源，综合利用各种资源，尽量协同使用。

三、因地制宜原则

小学科学教师要因地制宜地进行课程资源开发。由于地域和民族文化特征的差异，各区域间的课程资源也有很大的差异。小学科学课程资源在保留其自身特色的同时，也帮助学生了解和尊重自身文化。因此，在开发和使用课程资源时，教师要充分考虑本地区和民族的文化特征，同时要注意时间、空间、人力、物力等方面的实际可行性。例如，在教授苏教版小学科学教材六年级上册第五单元第十七课"钢筋混凝土与现代建筑业"时，小学科学教师可充分利用本地资源，带领学生参观建筑，让学生观察其建筑构造，了解古代与现代建筑业的特点，体会现代建筑业对人类社会的影响。

通过因地制宜地开发小学科学课程资源，学生亲身体验、主动探索，有利于其养成理性思考的习惯，激发其爱家乡的情感。教师要善于利用教材内容来挖掘本土资源，使课程资源与区域、学校结合，凸显本土特色。

四、适度性原则

适度性原则要求教师在资源开发过程中，充分考虑资源内容的广度、表达方式等，并从学生的认知水平出发，合理地选择合适的资源进行开发。在开发小学科学课程资源时，教师应注意资源开发的适度性。例如，教师在教授苏教版小学科学教材六年级下册第二单元第六课"有趣的食物链"一课时，为了使课堂教学更加丰富、生动，教师花了几天时间从网上找来各种图片、视频，精心制作了多媒体课件，课件中运用了森林、草原、海洋及各种植物的图片，还插入了《动物世界》电视节目中各种动物捕食的视频……整节课播放媒体资料的时间加起来近30分钟。媒体资料非常丰富，几乎覆盖了整节课，学生在课上也被生动丰富的媒体资料吸引。但这节课媒体资料使用过多，学生的自主活动体验较少，教师没能以教材内容为核心，最后造成"喧宾夺主"，难以突出教学重点、突破教学难点。因此，在小学科学教学中，应用合适的媒体资源十分重要，教师要尽量避免媒体资源占据过多学习活动时间，适度地开发课程资源。

【讨论与交流】

除以上原则外，你认为小学科学课程资源的开发还应遵循哪些原则？请举例说明。

第四节
小学科学课程资源的开发途径

小学科学课程对于小学生科学素养的培养发挥着关键作用。所以，合理开发与利用小学科学课程资源，有利于小学科学教育的发展。大部分小学科学教师对于科学课程资源开发的形式比较单一，需要进一步丰富和完善。

——杨伟：《小学科学课程资源开发利用中存在的问题及对策》，载《教学管理与教育研究》，2018(20)。

　　小学科学教师要根据自己教学的实际情况，对课程资源进行开发，给学生提供充足的"学习养料"，以培养学生的科学素养。但在小学科学教学中，一些教师习惯只使用教材进行教学，很少单独开发课程资源。为帮助教师更好地开发课程资源，下面介绍小学科学课程资源开发的主要途径。

一、以教学对象为主的课程资源开发途径

　　学生是课程资源的"消费者"，同时是特殊的课程资源"开发者"。[①] 站在教学对象的视角，教师可从两个方面进行课程资源的开发。

(一)根据学生的普遍兴趣开发课程资源

　　教师通过调查学生的普遍兴趣，能够找到给他们带来欢乐的各种类型的活动。活动包括能够激发学生强烈求知欲的教学方式、手段、工具、设施、方案或问题等。通过调查教育对象的兴趣和活动，既有利于教师发现丰富多彩的奖赏方式，帮助学生树立取得良好学习成果的信心，又能启发教师打开经验的宝库，从自己与学生交往的经验中挖掘大量有益的课程资源。[②]

(二)根据学生的学习方式开发课程资源

　　学生获取信息的途径各不相同，通过学生不同学习方式的交流，教师也能进行课程资源的开发。教师需要对学生收集的资源进行指导，学生需要进一步加工和筛选资源，最终形成具有典型性、代表性的课程资源库。此外，在小学科学课程学习的过程中，学生会经历合作学习、探究学习和自主学习，这个过程也会形成丰富的课程资源。

二、以教学材料为主的课程资源开发途径

　　小学科学教材、科普读物以及教师日常使用的教辅资料、自己撰写的工作日志都属于教学材料。教学材料是课程资源的重要组成部分，也是课程资源开发的主要途径。

(一)从教材图文中挖掘课程资源

　　提倡开发利用课程资源并不意味着将教材束之高阁，相反，教材仍是最重要的课

---

① 王鉴：《课程资源开发与利用的多元化模式》，载《教育评论》，2003(2)。
② 吴刚平：《课程资源的开发与利用》，载《全球教育展望》，2001(8)。

程资源。① 随着课程改革的不断深入，小学科学教材越来越能体现新时代的发展要求。目前，小学科学教材增加了科学阅读、技术与工程领域等内容，突出了小学科学与生活、现代化科技的联系。另外，小学科学教材的呈现方式注重图文并茂，小学科学教师可以通过教材上的图文提示，收集相关资料，完成相关内容的课程资源开发，以此作为课堂的辅助材料，帮助学生开阔视野。

(二)从科普读物中提取课程资源

教师要做有心人，课程资源的开发要体现多元化。比如，教学参考书、科普读物、练习册、活动册、挂图、卡片、录音录像等都是可以利用的资源。其中，科普读物作为学生巩固知识、提升自我的重要工具，是小学科学课程资源的重要组成部分。

小学生对自然界的奥秘充满了好奇，科普读物能帮助他们更好地了解自然、探索世界，小学科学教师根据教材内容从科普读物中选择合适的课程资源进行开发，从而补充课堂内容。例如，《昆虫记》引领学生走进包罗万象的昆虫世界，揭示了昆虫界的许多秘密；《让孩子着迷的 77×2 个经典科学游戏》等生活化且操作性和趣味性很强的实验图书能够培养学生的实验兴趣。

(三)共享和构建教师资源库

学校教师具有极大的智慧潜能，是亟待开发的巨大资源宝库。小学科学教师在教育过程中有多样的方法和策略，如工作日志、录音录像和个人教学心得等。这些内容可以帮助教师记录自己的教学实况，还能起到长期跟踪教师教学发展路径的作用。与此同时，这些内容也可以作为课程资源，教师之间进行观摩与交流，主动构建教师资源库。另外，教师还可以组织研究小组，或者举行经验交流会，加入各种专业活动网络，从而更好地了解教学研究动态，逐步使自己成为教学知识的生产源。②

三、以课外实践为主的课程资源开发途径

学生容易忘记"用不到的知识"，特别是远离生活的教学活动。因此，教师应了解校内外环境，对适合教学的内容加以开发，形成课程资源，从而引导学生将书本知识转化为实践能力。

---

① 朱煜：《历史学科课程资源的开发与利用》，载《课程·教材·教法》，2002(9)。
② [美]国家研究理事会：《美国国家科学教育标准》，戚守志、金庆和、梁静敏等译，48～55 页，北京，科学技术文献出版社，1999。

(一)根据校内实践开发课程资源

学校教育教学场所和设施是课程资源的重要组成部分。小学科学教师要将学校中的图书馆、资料室、多媒体教室等作为课程资源开发的对象。图书馆和阅览室为学生提供大量有价值的阅读材料。为了提高图书检索效率，教师需要教给学生基本的图书检索方法。

例如，在学习苏教版小学科学教材一年级下册第四单元"多姿多彩的植物"时，教师就可以组织"认识校园内的植物"的实践活动，带领学生参观学校内的各种绿植，并让学生收集掉落的树叶。学生要想了解更多植物的属性，教师就可以带领学生去图书馆检索科普图书，充分发挥图书馆的作用。

此外，教师还应充分利用教室里的多媒体或学校的机房等，让学生通过小组合作在课堂上完成资源检索，并进行资源分享。例如，学生利用教室内的多媒体，查找并观看《像乌鸦一样思考》和《影响世界的中国植物》等纪录片，在课上分享心得体会，这使学生注意到自己在生活中常常忽视的神奇现象。教师在这个过程中要引导学生通过观察、假设、实验和研究四个步骤开展科学探究，从而培养学生的科学探究能力。教师通过组织这类实践活动，让学生充分利用校内课程资源，完成知识迁移，从而开阔视野。

(二)根据校外实践开发课程资源

在传统的教学模式中，教师通常采用校内资源进行教学，限制了教学的有效开展。[1] 随着课程改革的不断深化，教师不仅使用校内资源，还综合运用校外资源，以此来满足学生的学习需求。

通过课外实践活动，学生可以将自己从课本上学到的知识付诸实践。学生通过参观动植物园切实观察书本上的动植物；参观博物馆、科技馆、展览馆，感受科技改变生活；参观青少年科技馆、高等院校和科研院，拓展科学知识；等等。另外，网络能够提供更加全面的课程资源。教师可根据探究任务为学生提供网站，学生在家长的帮助下，完成网络资源检索，总结整理课程资源库。针对校外各种课程资源库，教师要有意识地开展专题性的资源开发，为学校课程资源库的扩充创造条件。

本章小结

小学科学课程资源是十分丰富的，随着课程改革向纵深发展，教师只有合理构建课程资源的结构，深入挖掘小学科学课程资源，才能满足小学科学

---

① 应雪红：《小学科学课程资源开发的途径及策略》，载《新课程(小学)》，2018(3)。

教育跟随时代发展的多样化需求①，才能更好地进行科学教育。本章依据小学科学课程资源开发与利用的现状，介绍了小学科学课程资源的概念、特点和作用，突出了小学科学课程资源在小学教育中的重要性；结合相关的教学案例，列举了小学科学课程资源的不同类型；本着科学的教育态度，提出小学科学课程资源开发所应该遵循的原则；最后介绍小学科学课程资源开发途径。小学科学教师要根据课程资源与教学内容制定教学目标，带领学生逐步实现教学目标，提高学生的科学素养，帮助学生树立科学的学习观念。

思政内容

小学科学课程资源包含参观科技馆等活动，学生通过参观了解科学家是如何工作的，结合所学的科学知识自己动手做实验，感性地体验什么是科学，从而打破科学的神秘感。这种方式让学生感到自己也能做科学实验，激励学生从小探究科学问题，努力成为"小科学家"。

章后练习

1. 什么是课程资源？小学科学常用的课程资源有哪些？
2. 除了本章所述的小学科学课程资源开发途径，还有哪些途径？
3. 如何充分收集科技综合实践活动的课程资源？

延伸阅读

[1] 余虹. 小学科学课程资源开发利用策略[J]. 教学与管理，2008(03)：59-60.

[2] 王鉴. 课程资源开发与利用的多元化模式[J]. 教育评论，2003(02)：36-39.

[3] 宋振韶. 学校课程资源开发与利用的原则与途径[J]. 中小学管理，2004(12)：9-11.

[4] 邓友平. 课程资源开发与利用的问题与对策[J]. 课程·教材·教法，2009(03)：7-9+32.

[5] 吴刚平，李茂森，闫艳. 课程资源论[M]. 北京：北京师范大学出版社，2014.

[6] 李中国. 小学科学教学设计[M]. 北京：高等教育出版社，2017.

[7] 叶勤. 小学科学教学设计与案例分析[M]. 北京：中国人民大学出版社，2021.

---

① 孙中艳：《有关小学科学课程资源开发与利用的分析》，载《才智》，2013(32)。

第十章

小学科学作业
设计及其评价

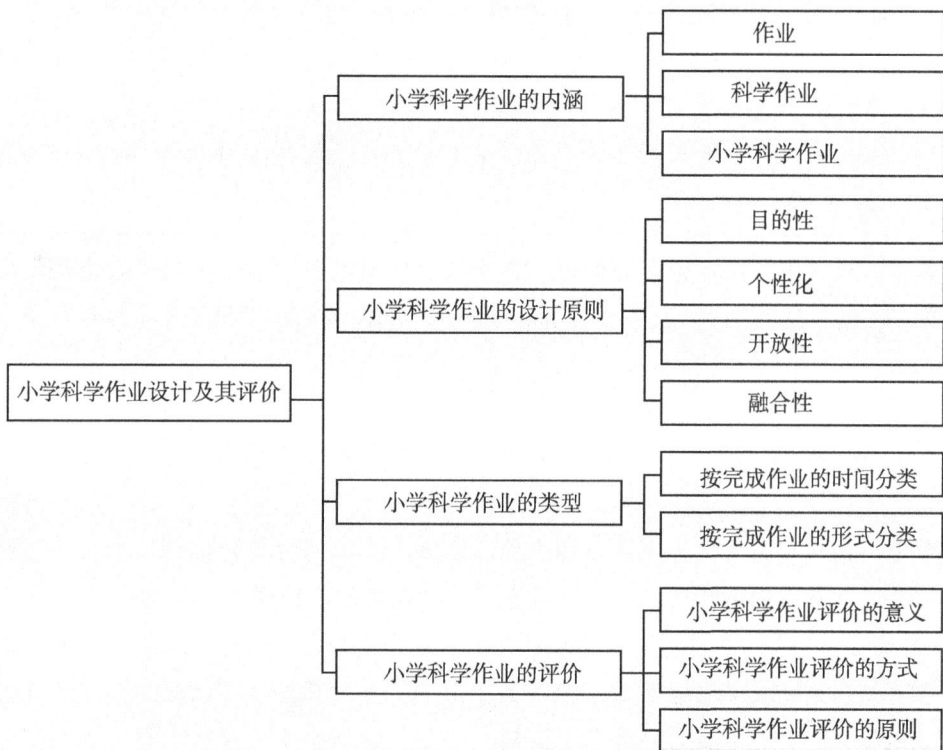

```
                                        ┌─────────────────┐
                                    ┌──│      作业        │
                    ┌──────────────┐│   ├─────────────────┤
                 ┌─│小学科学作业的内涵│├──│    科学作业      │
                 │  └──────────────┘│   ├─────────────────┤
                 │                  └──│  小学科学作业     │
                 │                      └─────────────────┘
                 │                      ┌─────────────────┐
                 │                  ┌──│      目的性       │
                 │                  │   ├─────────────────┤
                 │  ┌──────────────┐├──│      个性化       │
                 ├─│小学科学作业的设计原则│   ├─────────────────┤
                 │  └──────────────┘├──│      开放性       │
┌──────────────┐│                  │   ├─────────────────┤
│小学科学作业设计及其评价│┤                  └──│      融合性       │
└──────────────┘│                      └─────────────────┘
                 │  ┌──────────────┐   ┌─────────────────┐
                 ├─│小学科学作业的类型│┬──│ 按完成作业的时间分类│
                 │  └──────────────┘│   ├─────────────────┤
                 │                  └──│ 按完成作业的形式分类│
                 │                      └─────────────────┘
                 │                      ┌─────────────────┐
                 │                  ┌──│ 小学科学作业评价的意义│
                 │  ┌──────────────┐│   ├─────────────────┤
                 └─│小学科学作业的评价│├──│ 小学科学作业评价的方式│
                    └──────────────┘│   ├─────────────────┤
                                    └──│ 小学科学作业评价的原则│
                                        └─────────────────┘
```

本章概述

2022 年版课标指出，作业不仅能帮助学生巩固知识、形成能力与习惯，还能帮助教师检测教学效果，有助于教师精准分析学情、改进教学方法。如何合理地设计作业是每一位教师需要思考的问题。本章从小学科学作业的内涵、设计原则、类型、评价四个方面进行详细描述，旨在为教师在设计小学科学作业时提供参考。

第一节
小学科学作业的内涵

> 子曰："学而时习之，不亦说乎？""温故而知新，可以为师矣。"春秋时期伟大的教育家孔子认为，学生对学过的内容要经常练习和复习，才能有效巩固所学知识并获得新的理解。
> ——石俊仙：《小学科学家庭作业多元化的意义、类型与评价》，载《教师教育论坛》，2021(8)。

作业在教学中发挥着重要的作用，它既是学生温习旧知的重要方式，也是学生学习新知的有效方法。① 随着义务教育科学课程改革的推进，小学科学作业也被赋予了新的使命。

一、作业

作业一词在我国古代指所从事的工作、业务。作业的教育价值到了近代才逐渐被人们发现，并且人们不断拓宽它的应用范围，提升其在学校课程中的地位。② 《教育大辞典》把完成学习任务的作业分为当堂检测的课堂作业和课下进行的课外作业两大类。

作业是通过完成书面练习或实践活动等形式，有效帮助学习者巩固旧知、学习新知，促进学习者身心发展的一种学习活动。作业也是学生学习过程中理论联系实际的纽带。③

二、科学作业

石俊仙提出："科学作业是指学生完成的科学练习或者开展的科学活动，是辅助科学课堂的学习任务，也是课堂学习的延续与补充，与语文、数学等学科的作业相比，科学作业的知识味道淡一点，书面形式的作业少。"④

---

① 石俊仙：《小学科学家庭作业多元化的意义、类型与评价》，载《教师教育论坛》，2021(8)。
② 陈桂生：《"作业"辨析》，载《上海教育科研》，2009(12)。
③ 刘辉、李德显：《中小学作业的异化及回归》，载《天津师范大学学报(基础教育版)》，2021(4)。
④ 石俊仙：《小学科学家庭作业多元化的意义、类型与评价》，载《教师教育论坛》，2021(8)。

胡竹飞提出："一位优秀的科学教师，可以通过一项项作业，让学生变成小发明家、小科学家……让学生在完成作业的过程中体验到乐趣与实践的好处，享受成功的喜悦，不能仅仅为了作业而写作业，要充分发挥作业的巩固知识的功效，培养学生解决问题的思维和实践能力，让他们爱上科学学习与探究，这也是作业的使命之一。"①

由此可见，科学作业的形式多种多样、灵活多变，是学习者巩固科学知识、形成科学思维、提升探究能力的一种科学学习活动，是人们反思学习的有效途径之一，它具有启发性、生活性、实践性等特点。

三、小学科学作业

小学科学作业就是小学科学教师利用身边的资源，创设科学探究情境，给予学生有目的、有计划的引导，让学生自主进行科学探究的教育活动，目的在于培养学生科学探究的能力，帮助他们形成科学的世界观和方法论。

与其他的小学学科相比，小学科学作业最明显的特征就是综合性。2022年版课标指出：义务教育科学课程是一门体现科学本质的综合性基础课程，具有实践性。学生通过综合运用不同领域的知识解决问题，完成科学作业，科学素养得到培养，实现综合而全面的发展。

2021年，《教育部办公厅关于加强义务教育学校作业管理的通知》和《关于进一步减轻义务教育阶段学生作业负担和校外培训负担的意见》发布，明确了作业实施的相关要求，强调作业要发挥育人功能，避免学生具有过重的作业负担。改革小学科学作业形式，使其真正达到"作业育人"的目的，是每位小学科学教师不可推卸的责任与义务。

【案例】

小军把糖放入水中溶解，实验记录如表10-1所示。

表10-1 实验记录表

水的体积/毫升	糖的重量/克	初始水温/℃	是否搅拌	完全溶解的时间/秒
50	20	20	是	267
50	20	40	是	176
50	20	60	是	105
50	20	80	是	70

① 胡竹飞：《"双减"背景下科学作业生本化设计》，载《科教导刊》，2021(36)。

请回答：

①这个实验可以研究的问题是什么？请说明理由。

②如果小军想研究搅拌是否影响糖在水中溶解的速度，结合上表，保持不变的条件是什么？需要改变的条件是什么？①

此作业案例是教师在进行了系统的"固体和液体"知识教学后，为达到培养学生的科学思维的教学目的而设计的。此类作业为基本的书面作业，此外，小学科学作业还包括非书面类作业，如观察类作业、实验类作业、种植类作业等，这些学生在学习后自主进行的巩固所学内容的科学活动就是小学科学作业。

【拓展阅读】

学校在布置不同类型作业的同时，要全方位考虑学段、学科特点及学生能力水平等要素。在小学书面作业的设置上，明确要求一、二年级不安排书面作业，其他年级完成书面作业的时间不可超过一小时，周末、寒暑假、法定节假日期间要减轻书面作业比重；此外，教师要提高自主设计作业能力，精准设计符合学生情况的作业，精选符合实际学情的作业内容，合理安排作业数量，保证作业完成质量。

第二节
小学科学作业的设计原则

在知识生产成为主要生产形式的今日，人才质量是各国综合国力竞争的核心，21世纪应该"培养什么样的人"成为世界各国关注的焦点。在此背景下，"核心素养"概念引起了各国教育理论界与实践界的关注与热议。我国于2016年9月正式公布了《中国学生发展核心素养》总体框架，对核心素养基本内涵进行了界定。作业作为教学过程的重要组成部分，是素养培养的重要途径，但当前的作业还无法完全实现素养目标的发展。为此，探讨基于核心素养的作业设计迫在眉睫。

——张黎、曹湘洪：《基于核心素养的作业设计研究》，载《教学与管理》，2020(21)。

小学科学作业既要满足设置作业的目的，又要把握作业数量和难度的适宜性，这对科学教师设计作业的能力提出了很高的要求。教师应该按照2022年版课标的要求，围绕核心素养，研究新的作业内容和作业方式，实现学生完成作业由"被动"向"主动"

---

① 林兆星：《科学思维：科学作业设计的核心取向》，载《福建教育》，2021(49)。

的转化，真正发挥作业的育人功能。教师应设计科学合理并有针对性的科学作业，达到减负提质的效果，使作业更好地服务于学生，培养学生的核心素养。小学科学作业设计应遵循以下几个原则。

一、目的性

小学科学作业的设计首先要遵循目的性原则。在宏观层面，科学作业的设计要紧扣立德树人的教育方针；在中观层面，教师应弄清楚作业的对象以及作业所达到的目的。小学科学作业是教师根据科学课堂教学进行设计的产物，学生利用课余时间完成，其目的是检查、巩固学生课堂学习的内容，从而进一步提升学习能力。同时，教师也可以通过学生的作业反馈来掌握学情，为下一步的教学设计提供有效依据。

教师要不断提升自身独立设计科学作业的能力，首先应明确教学的重难点，精准把握学情；其次应充分挖掘与课程相关的资源，因地制宜地设计特色作业；最后以培养全体学生的核心素养为目标，发展学生的科学探究能力和创新精神。

二、个性化

在设计小学科学作业时，教师要遵循个性化原则，基于学生的认知发展水平，充分考虑每一位学生的个性差异，因材施教。

第一，教师在考虑全体学生学情的前提下，也要关注个体的认知水平差异及前概念差异，把握好作业的量和完成的时间，设计具有层次性、多角度的作业，避免习得性无助情况的出现。第二，教师在设计作业时要遵循最近发展区理论，在学生的最近发展区内设计符合学生年龄特点和心智水平的作业，让每一个学生都能收获成功的喜悦。

郭思乐教授提出"生本教育"理念，倡导"一切为了学生，高度尊重学生，全面依靠学生"的教育宗旨，主张进行让学生成为学习的主体、让学生热爱学习的教学设计。[①]小学科学作业要面向全体学生，促进每一个学生的个性发展。

三、开放性

小学科学作业是科学课堂教学的重要延伸，完成作业的过程也是学生对课堂教学内容消化吸收的过程。然而，传统的作业方式已经跟不上科学教材生活化的脚步，也

---

① 程樟木、杨丽霞：《"双减"背景下初中英语作业设计原则与实践》，载《福建基础教育研究》，2021(1)。

很难达到 2022 年版课标对育人理念的要求。因此，小学科学教师应在新课标的指引下，设计开放性的科学作业，引起学生的兴趣，鼓励学生自主完成作业，提高问题解决的能力，培养核心素养。

开放性原则指科学作业所涉及的知识都有补充的空间，完成科学作业的方法也多种多样，没有固定的模式。[1] 教师可从作业的形式、内容和完成作业的方法等方面进行开放性设计。例如，在学生进行了"声音"这一单元的学习后，教师可设计"小小音乐家"作业，让学生自制乐器并练习曲目，在班级举办小型音乐会来检验学生的完成情况。这类作业可叫才艺展示式作业。它摒弃了传统作业背诵、默写等老旧方法，让学生在真实情境中手脑并用地解决问题，在合作中锻炼交往能力，在思考中发散思维，真正达到学以致用的教学目标。此外，信息采集类作业、种植类作业、社会实践类作业等也同样遵循开放性原则。

四、融合性

在宏观层面上，融合性指教师在小学科学知识的基础上，结合相关学科之间的联系和学生的认知发展，将不同学科的知识、思想、方法经过梳理、选择、加工、整合，设计适合学生认知观的作业。[2] 在中观层面上，融合性指立足于本学科内部各部分知识的融会贯通。2022 年版课标也明确将跨学科实践融入科学课堂。跨学科实践的本质要求学生掌握综合性知识。因此，设计融合性科学作业对贯彻落实立德树人的根本任务、培养全面发展的人来说是非常必要的。

受到传统应试教育思想的影响，很多小学科学教师在设计科学作业时存在设计内容单一、忽略知识延展性的问题，这会限制学生的思维发展，影响学生的全面发展。小学科学作业的融合性要求教师通过设计形式多样的作业，将不同学科或不同主题的内容围绕核心素养融合起来，建立起相关知识的内在联系，让学生感受知识的"立交桥"，真正成为科学学习的主人。例如，在"宇宙"单元教学后，教师可设计"我是小小天文家"活动，让学生借助图书馆、网络等，查找黑洞及宇宙大爆炸等相关资料，将科学与计算机网络融合。在经过"动物"单元教学后，教师可设计开放式作业：人是动物吗？人从哪里来？鼓励学生通过阅读、调查等方式完成作业，将科学与历史融合。

① 张黎、曹湘洪：《基于核心素养的作业设计研究》，载《教学与管理》，2020(21)。
② 涂岚：《基于核心素养下多学科交叉融合在初中生物学教学中的应用研究》，硕士学位论文，湖南科技大学，2020。

【讨论与交流】

除以上原则外，你认为小学科学作业还应遵循哪些原则？请举例说明。

【拓展阅读】英美作业的要求与原则

英国要求5～11岁学生每天完成30分钟以内的课外作业，12～16岁学生每天完成90～150分钟的课外作业。[1]

美国对作业的设计提出了相关要求：课外作业的话题要为课堂教学做有益补充；课外作业的种类分为必做作业与选做作业，学生在完成必做作业的前提下，可以根据自己的需求自由选择选做作业，教师要对完成必做作业有困难的学生进行补充教育，家长不应被学校附加过多指导责任。[2]

第三节
小学科学作业的类型

作业按照不同的标准可以分为不同的作业类型：库利提出的英国中小学的作业包括实践作业、书面作业、口头听力作业、表演作业四类；日本小学生家庭作业根据完成方式分为图表画图型作业、读书感想型作业、社会实践型作业、亲子互动型作业四类；法国的作业布置类型同样可以根据完成方式分为口头—听力、表演、书面和实践作业四类；此外，部分研究将作业采取封闭式的二分方法划分，如库泊提到的强迫型作业与自愿型作业，个人型作业和小组合作型作业，线下作业与线上作业等。

——王学男、赵江山：《"双减"背景下作业设计的多维视野和优化策略》，载《天津师范大学学报（社会科学版）》，2022(2)。

小学科学作业的类型多种多样，比如，短时作业和长期作业，书面作业和非书面作业，必做作业和选做作业，等等。[3]下面按照完成作业的时间及完成作业的形式对小学科学作业的类型进行介绍，帮助小学科学教师进一步深入理解并合理设计小学科学作业。

[1]　肖川：《名师作业设计经验（数学卷）》，178页，北京，教育科学出版社，2007。
[2]　胡庆芳、杨翠蓉、季磊等：《美国学生课外作业集锦》，125页，北京，教育科学出版社，2008。
[3]　邵光华：《小学课堂教学技能训练》，276页，北京，高等教育出版社，2011。

一、按完成作业的时间分类

按照学生完成作业的时间进行分类，小学科学作业可分为短时作业和长期作业两类。这两类作业相互补充，为教学所用，为学生所用，帮助学生巩固科学知识，培养自主探究能力。

(一)短时作业

所谓短时作业，即需要学生在较短时间内甚至当堂完成的作业，在小学阶段这种作业所占比重很大。[1]

这种小学科学作业的特点是学生学习活动的空间较小，时间较短，以学生独立完成为主，也可寻求合作，目的一般是知识的巩固、迁移与提升。短时作业的形式灵活多样，内容简单，主题突出，可操作性强。它可以是即时检验性的课堂作业，也可以是一些简易的课外观察作业。

(二)长期作业

长期作业需要两三天、一周甚至更长时间才能完成。[2] 它的特点是学生学习活动的空间非常广阔，时间也较为宽裕，常常与项目式学习相结合。学生可以独立完成，也可以与他人合作，作业的答案具有开放性。

例如，在教科版小学科学教材三年级上册"天气"这一单元，教师可以让学生记录一年中不同季节的天气，总结本地一年的天气情况，从而更好地理解不同季节的天气有一定的规律，理解气候。教师可以设置气温组、云量组、降水量组、风组等，引领学生分组进行研究，从而更好地指导学生观察影响天气因素的变化规律，指导学生将研究过程和研究结果写成报告。[3]

二、按完成作业的形式分类

根据完成作业的形式可将小学科学作业分为书面作业与非书面作业两大类。教师在设计小学科学作业时应遵循学生的认知特征与年龄特点，以非书面作业为主，书面作业为辅，设计多元化的科学作业，避免"题海战术"。

---

① 邵光华：《小学课堂教学技能训练》，277页，北京，高等教育出版社，2011。
② 邵光华：《小学课堂教学技能训练》，277页，北京，高等教育出版社，2011。
③ 胡竹飞：《"双减"背景下科学作业生本化设计》，载《科教导刊》，2021(36)。

（一）书面作业

书面作业是学生需要在纸上写下答案、答题步骤甚至答题思路的作业。书面作业大多有严格的格式要求，并由教师进行批阅，包括填空、判断、连线和日记等类型。

需要注意的是，《教育部办公厅关于加强义务教育学校作业管理的通知》中特别指出小学一至二年级不允许布置书面作业，三至六年级每天完成书面作业的时间不超过 1 小时。

（二）非书面作业

非书面作业是指书面作业以外，以提高学习兴趣、巩固课堂内容为目的，以发展学生科学素养为导向，以探究实践为主要方法，通过观察、实验、制作、调查等方式，获取、巩固、应用科学知识的作业。这类作业形式多样，操作简单，有利于培养学生对科学学科的兴趣，减轻学生课业负担，深受学生喜爱。[1] 小学科学非书面作业可分为观察类、制作类、实验类、种植和饲养类等多种类型。

1. 观察类科学作业

观察是科学探究的重要方法，它的具体内涵是通过感觉器官或借助科学器材，有计划、有目的地考察和描述身边的自然现象。观察是人们理解客观事物、挖掘科学事实的一种重要科学研究方法。[2]

观察类科学作业是指教师设计一些观察性活动，学生需要在课后以个人或小组为单位开展活动，并对观察的现象进行记录、分析、归纳、总结。这类科学作业有助于培养学生的观察能力，提高其对科学现象的敏感度以及记录、分析和总结的能力，还可以培养其科学素养与审美情趣。

观察类科学作业的形式多种多样，学生可以利用各种感官去感知问题，眼看其形，耳听其声，鼻闻其味，嘴言其理。例如，在教科版小学科学教材二年级上册第一单元"我们的地球家园"中"观察月相"一课，教师可设计"我是月亮守护神"观察作业，要求学生观察记录月相一段时间的变化，形成一张月相图。因为观察月相的时间较长，所以它属于观察类作业中的长期作业。此外还有短时观察作业，例如，在教科版小学科学教材一年级上册第一单元"植物"中"观察叶"一课，教师设计"观察隐藏在家里的叶子"作业。教师应特别注意，在设计长期观察作业时，因为完成作业时间较长，学生很容易坚持不住或失去兴趣，所以教师应每隔一段时间进行检查，可通过小组汇报、主

① 石俊仙：《小学科学家庭作业多元化的意义、类型与评价》，载《教师教育论坛》，2021(8)。
② 樊党娟：《学科核心素养下中学物理观察类实践作业的开发与分析》，载《中学物理》，2021(24)。

题板报或班会等形式进行。

2. 制作类科学作业

制作类科学作业是指学生根据所学知识或任务要求，利用适当的工具和材料，按照一定的技术标准，制作手工品、模型、设计原型、工具及仪器等具有一定功能的作品的活动过程。[①] 也就是说，制作类科学作业就是学生利用课余时间，按照教师特定的主题进行一些小发明、小创作。

制作类科学作业强调学生"手脑结合"。心理学研究表明，小学生好奇心强，喜爱模仿，但生性好动，有意注意持续时间短。此类作业抓住了小学生的这些特点，教师可根据教学内容选择合适的主题，让学生自己动手，制作出不同的作品，丰富学生的课余生活，帮助其进一步巩固、应用知识。

【案例】

学完教科版小学科学教材五年级上册"光"这一单元后，教师设计了"小小制作家"作业：制作一个潜水镜，比一比谁的潜水镜更清晰。教师鼓励学生通过对日常生活用品进行改装来完成作业。在作业实施过程中，教师积极与家长沟通，尤其注意学生的安全问题。在作业评价阶段，教师举办了"我的潜水镜"主题班会，让学生展示自己的作品，全班对作品进行评价，取得了良好的教学效果。

3. 实验类科学作业

实验类科学作业是教师给学生布置的在课后完成的科学小实验，是对课堂探究的拓展延伸和课堂实验的补充延续。[②] 小学生具有天然的好奇心和较强的动手能力，教师可以充分利用这一点进行实验探究类作业设计，但也要注意小学生的认知发展水平有限，避免设计超出其当前认知能力水平的实验作业。小学阶段的实验类科学作业首先要做到科学有趣，这样才能引起学生的兴趣，让其有充足的动力进行实验；其次要简单易成功，小学生的好胜心强，简单的实验作业更能促使其又好又快地完成，从而增强其学习的信心，激发其探究欲，并由此爱上科学。

例如，在教科版小学科学教材二年级下册第一单元"磁铁"中"磁铁能吸引什么"一课，教师设计了"我是小磁王"作业，让学生用磁铁在家里进行实验，看看磁铁能吸引家里的哪些物体，被吸引的物体都有哪些特点，与课堂中得出的结论是否一致，并思考磁铁是怎样吸引这些物体的。在这节科学课上，由于教室内的素材有限，很容易让学生对磁铁能吸引什么这一问题的认识产生局限性，因此，教师可通过设计实验作业，

① 鲍建中、秦晓文：《初中物理制作类作业的设计策略》，载《中学物理》，2021(6)。
② 石俊仙：《小学科学家庭作业多元化的意义、类型与评价》，载《教师教育论坛》，2021(8)。

让学生在熟悉的环境中进一步体验磁铁的魅力，弥补课堂实验的不足，帮助学生巩固课堂知识，同时也为下一节课"磁铁怎样吸引物体"做铺垫。

4. 种植和饲养类科学作业

种植和饲养类作业是小学科学独有的一类作业。这类作业属于生物学范畴，用于帮助学生了解生命、观察生命体的生长，使学生感受成长的美好和生命的意义。

种植类科学作业是教师设计的让学生种植植物的作业。学生可通过观察、记录、绘画等形式，将植物的生长过程记录下来，认识植物的生长特点，并进行分析、总结，从而提高观察和劳动能力。在种植的地点上，教师应做到"家校结合"，学生可以利用家里的院子、阳台等空间进行，同时学校也应充分利用本校土地资源，为学生创造"种植小天地"，避免出现"无地可种"的现象。比如，学生在"植物的生长变化"这一单元了解了"凤仙花的一生"后，教师可设计"蒜宝宝成长记"系列作业，让学生对大蒜的生长进行观察、记录、分析、总结。

饲养类科学作业指教师设计的让学生自己在家饲养小动物的作业。心理学研究表明，小学阶段的学生心思单纯，对动物有着特殊的情感。当今社会，随着卡通人物日益增多，一些小学生对动物的认识还停留在虚拟世界，有的认为熊会说话，有的认为羊可以盖房子，有的认为猴子可以一跃万里……饲养类科学作业可以帮助学生科学地认识生命，了解生命的意义。它要求学生对小动物进行悉心照料，观察、了解它们的习性，和小动物友好相处，树立正确的生命观。例如，在学习"动物的一生"这一单元后，教师可以设计各种各样的饲养类作业，可以让学生饲养金鱼；或者让学生饲养乌龟，观察它们的生活习性，思考龟兔赛跑是否科学；或者饲养蜗牛，看看它们什么时候能从壳里面出来。

总之，小学科学作业的类型有很多，也正是这丰富多彩的作业形式，让作业的内容更加充实、丰富，同时激发学生的学习兴趣，让学生喜欢做作业，真正实现从"要我做"到"我要做"的转变。这是每一位教师要履行的义务，有利于构建良好的教育环境，促进学生全面、健康成长。

【讨论与交流】

还有哪些类型的小学科学作业？请简单介绍一下它们。

第四节
小学科学作业的评价

> 心理学家罗西和亨利曾做过一个著名的反馈效应心理实验。他们把一个班的学生分为三组，每天学习后就进行测验，测验后分别给予不同的反馈方式：第一组每天告知学习结果；第二组每周告知一次学习结果；第三组只测验不告知学习结果。八周后将第一组和第三组的反馈方式对调，第二组反馈方式不变，实验也进行八周。反馈方式改变后第三组的成绩有突出的进步；而第一组的学习成绩逐步下降；第二组成绩稳步上升。这个实验反映了作业评阅及时反馈的重要性。
> ——邵光华：《小学课堂教学技能训练》，287 页，北京，高等教育出版社，2011。

小学科学作业贯穿学生的科学学习，是评价体系中不容忽视的评价内容。小学科学作业的评价是教师的必备能力之一，可以起到检验教学效果、调整教学方案的作用。

一、小学科学作业评价的意义

从课程性质角度看，小学科学是一门综合性课程，它的作业范围广，作业内容多元，作业形式多样。因此，科学作业的评价不仅评价学生完成作业的情况，而且评价学生在科学研究中获得的知识、经历的过程、掌握的方法、提高的能力、形成的思维和提升的素养。

从 2022 年版课标要求出发，科学课程应重视综合评价，构建素养导向的综合评价体系，重视正确价值观、必备品格和关键能力的考查，重视"教—学—评"一体化，关注学生在探究和实践过程中的真实表现与思维活动。

从评价的目的上看，小学科学作业评价的目的是为学生提供反馈，从而促使他们在成长和学习中迈出下一步。[1] 它的意义不在于甄别、惩戒，而在于发展、导向、调控和激励。[2] 另外，评价也为家长提供关于学生的清晰反馈。[3]

---

[1] [美]萨玛·沃泽曼、[美]乔治·伊芙妮：《新小学科学教育》，宋戈、袁慧译，86 页，北京，北京师范大学出版社，2006。
[2] 马艳、肖祥彪：《假期作业可操作性评价系统探究》，载《教学与管理》，2020(3)。
[3] [美]萨玛·沃泽曼、[美]乔治·伊芙妮：《新小学科学教育》，宋戈、袁慧译，85 页，北京，北京师范大学出版社，2006。

综上所述，对于教师而言，评价既有利于教师了解学生情况，因材施教，也是教师反思课堂教学效果并及时调整教学策略的手段；对于学生而言，理性化、合理化、多元化、过程化、幽默化、及时化的科学作业评价能引导学生进行自我反思，帮助其提高自身认知水平，查漏补缺，巩固知识结构，提升学生对知识的建构能力，使之学会学习。

二、小学科学作业评价的方式

随着新课改的不断深化，小学科学作业也迎来了改革的新时代。创新型作业层出不穷，作业评价方式也随之发生变化。以往的作业评价停留在教师用对号、叉号或"阅"进行反馈，实践证明这种方法存在局限性。在核心素养目标导向下，教师应结合教学实践，尝试对小学科学作业进行新的思考，努力构建评价目标多元、评价方法多样且与教学目标相适应的小学科学作业评价体系。

(一)板书记录式评价

这类作业评价主要针对观察类、访谈类、信息收集类等长期作业。心理学研究表明，小学低年级学生的兴趣不稳定，既可以很快产生，也可以瞬间消失，进入中高年级后，保持稳定兴趣的时间才会长一些。小学科学作业设计要符合小学生这一特点，教师要激发学生足够充足的学习动机。"板书记录"就可以成为合适的动机，它是指教师将教室内的辅助黑板区域以小组为单位进行分割，在进行一项长期作业时，让学生以小组为单位在黑板上做出反馈，反馈形式由学生经过小组商议后决定，在作业结束时，教师可让学生进行总结汇报并设立与小组数量相同的奖项，通过投票的形式让每个小组都能获奖。例如，在经过"植物的生长变化"单元教学后，教师设计了"观察蒜宝宝"作业，学生可通过图画、文字、表格等形式在黑板上按时记录。这样的评价方式不仅能提升学生小组合作的能力，也能起到互相监督、互相鼓励、共同进步、共享成果的作用，让学生统一步伐，增强学生学习科学的信心，使科学真正面向全体学生。

(二)班会展示式评价

这类作业评价方式主要用于制作类、调查类等短时实践类科学作业。以往由于繁重的课业任务，学生的时间几乎都被主科占用，在面对这类科学作业时，学生时常出现"无效制作"的情况，即"做完无反馈，做时无动力"的恶性循环。在2022年版课标的要求下，教师可以合理设计安排作业，给予学生展现自己努力成果的舞台，并及时进行作业反馈。例如，在学过教科版小学科学教材四年级上册"声音"这一单元后，教师设计自制音乐器材练习歌曲的作业，并提供一节课的时间让小小音乐家们进行演奏，让学生在音乐会中感受声音的特征，以达到检查、巩固、强化的目的。展示式评价鼓励学生通过自身努力完成作业，利用学生喜欢展示自己这一心理特点，充分调动学生的积极性，在不知不觉中提高学生的自主学习能力与团结协作能力，让学生喜欢做科学作业。

(三)幽默评语

对于小学科学书面作业，教师可以通过幽默的评语来加深学生的记忆。只有"对错"和"优良差"的作业评价是单调乏味、缺少人情味的，而且对于泛泛的评价学生早已司空见惯，学生不会对评价的结果有所期待。好的评语不仅传递知识信息，也能和学生共情，如教师可采用小表情简笔画加评语的方式。这样创新的评语会让学生对作业评价充满期待，充分调动学生的学习积极性，既可以指出不足，也能避免损害学生的自尊心，有利于学生创新精神和实践能力的培养。

三、小学科学作业评价的原则

(一)科学性

以往有些学生对作业有强烈的抵触心理，作业仿佛是压在他们身上的一块巨石，是他们除考试外的第二大"敌人"。在面对科学作业时，有些学生存在"可做可不做"的应付心理。要想从根本上转变学生对作业的态度，教师需要遵循作业评价的科学性原则。

第一，教师要树立科学的作业评价观念，认识到作业评价并不只关注学生作业的准确率，还应关注学生发展，检验是否达成了教学目标。教师可通过多种作业形式间接帮助学生树立作业评价的正确观念。比如，创新作业评价形式，了解学生的需求，关注学生的情感态度，关注学生素养的提升，发展评价的多功能性，等等。教师也应定期与家长沟通，适时调整教学计划和方法。

第二，教师应制定科学的评价标准。作业评价是通过一定的方式，对作业做出价值判断。既然要判断，那必然要有一定的判断标准，科学的评价标准有利于引领教师找到作业评价的正确方向。一般来说，教师可以根据 2022 年版课标的要求，围绕核心素养，从科学观念、科学思维、探究实践、态度责任四个方面设定标准，按照等级或分数的形式进行划分，保证评价标准的科学性。同时，教师可通过与其他教师合作、与学生合作，不断完善科学化的评价体系，使评价过程更加高效(可参考表 10-2)。

表 10-2 小学科学作业评价表

姓名		所在班级	
评价内容	评价要求	自我评价	他人评价
科学观念	掌握基础知识，完成作业。		
	正确理解知识，理论联系实际。		
科学思维	科学认识客观事物的属性、规律及相互关系。		
	能用证据解释作业，并表述清晰。		
探究实践	能主动对完成作业的过程进行合理设计。		
	通过观察、猜想、论证、交流、反思总结等活动完成作业。		
态度责任	按时完成作业，记录清晰、完整、准确。		
	专心，投入，动手实践。		
	既独立思考，又合作交流。		

（二）发展性

作业评价的发展性体现在各个方面。在评价内容方面，教师应多关注学生作业完成的过程和质量，从科学观念、科学思维、探究实践、态度责任等方面评价学生的科学作业，目的在于促进学生的发展。在评价方式方面，根据不同的标准，评价方式也存在多种形式，如诊断性评价、形成性评价、终结性评价，以及常模参照评价、标准参照评价和潜力参照评价等。由于小学生的自觉能力相对较弱，教师要结合多种评价方式，进行全过程评价，监督学生的学习进度，及时解决问题、纠正错误，促进学生全面发展。

（三）多元化

多元化是指作业的评价并不只有教师评价一种方式，还有自我评价、小组评价等，呈现的方式可以是书面式，也可以是口头式、实践式等。自我评价是指学生对自己的评价。教师给予学生自主评价的权利，让他们体验自我肯定、自我反思的过程，减少他们对外界权威人物的依赖，培养创造性思维，提升自我认知能力和终身学习能力。小组评价是指以小组为单位，小组之间相互评价。这种方式可以让学生了解其他学生的学习情况，形成竞争意识，有利于营造积极向上、团结协作的良好学习氛围，提升学生的合作能力。以上两种评价方式都让学生参与评价过程，这使得作业评价不再只是教师的工作。多元化评价方式有利于教师对科学作业进一步优化，提升科学作业质量，提高学生的参与度，增强学生的学习兴趣，促进核心素养的发展。

(四)及时性

艾宾浩斯认为学生在最初阶段遗忘得最快。因此，作业的评价和订正要及时。如果不及时评价作业，学生会遗忘作业的内容，无法判断自己是否已经完全掌握了学习内容。教师需要随时关注学生情况，给予及时评价，并做到"时时在评价，人人都评价"，保证评价的及时性。

【讨论与交流】

除以上原则外，你认为小学科学作业评价还应遵循哪些原则？请举例说明。

【拓展阅读】小学科学学业评价原则

首先，评价要遵循一致性原则，构建螺旋式上升的评价模式，真实反馈学生的发展水平。

其次，评价要遵循情境性原则，提取学生生活经验，启发学生认知的迁移和运用，从而理解探究的价值意义。

再次，评价要遵循复合性原则，适应学生的综合发展，一方面目标指向要多元化，另一方面支架设计应具有启发性。

最后，评价要遵循生成性原则，指向素养测试的多元可能，避免只关注结果，不关注过程、思维和表达的评分导向。①

本章小结

在过去的小学科学作业设计中，教师常采用"题海战术""家长作业"等方式，导致"小学生背'千斤书包'""十二点奋笔疾书的小学生""又是帮八岁女儿画板报的一天"等现象。这种作业不仅加重学生的负担，消磨其学习兴趣、阻碍其学习成果的达成，也会增加家长的负担。随着课程改革不断深化，作业也被赋予新的使命，小学科学教师有责任对作业的形式及内容进行改变与创新。本章内容从作业的定义出发，对小学科学作业的定义进行了诠释，并对其进行科学分类，给予每一类作业实施意见。结合"双减"政策，本章介绍了在设计作业时教师应遵守的原则，让作业能够帮助学生实现自主发展、个性发展及全面发展。在小学科学作业的评价方面，本章在意义、方式、原则三个方面进行了阐述，给予了教师一些建议。本章梳理了小学科学作业的设计与评价，

---

① 何美惠、叶彩红：《小学科学学业评价原则和实践要点——以探究性试题编制为例》，载《课程·教材·教法》，2020（7）。

旨在帮助小学科学教师正确认识"双减"政策下的小学科学作业如何实施，提高教师设计作业的能力。

思政内容

　　本章涉及的思政教育内容有：让学生走进自然，感受人与自然的和谐共生，体验自我探究的过程，学会观察与思考，提升科学素养；通过多样化的科学作业，让学生学以致用、热爱生活、健康成长，培养学生的社会责任感。

章后练习

　　1. 小学科学作业有哪些类型？

　　2. 小学科学教师如何设计小学科学作业？

　　3. 小学科学教师如何进行高效作业评价？

延伸阅读

　　[1]肖川. 名师作业设计经验. 数学卷[M]. 北京：教育科学出版社，2008.

　　[2]胡庆芳，等. 美国学生课外作业集锦[M]. 北京：教育科学出版社，2008.

　　[3]邵光华. 小学课堂教学技能训练[M]. 北京：高等教育出版社，2011.

　　[4]沃泽曼，伊芙妮. 新小学科学教育[M]. 北京：北京师范大学出版社，2006.

　　[5]刘辉，李德显. 中小学作业的异化及回归[J]. 天津师范大学学报（基础教育版），2021(4)：1-8.

　　[6]叶宝生. 小学科学教学观察实验设计的依据和方法[J]. 课程·教材·教法，2013(12)：68-72.

　　[7]何美惠，叶彩红. 小学科学学业评价原则和实践要点：以探究性试题编制为例[J]. 课程·教材·教法，2020(7)：124-129.

参考文献

[1]中华人民共和国教育部. 义务教育科学课程标准(2022年版)[M]. 北京：北京师范大学出版社，2022.

[2]王晨光. 围绕核心概念组织小学科学单元教学设计[J]. 教学与管理，2021(17)：60－63.

[3]沈慧丽. 小学科学与技术单元教学设计指南[M]. 北京：人民教育出版社，2018.

[4]布鲁纳. 教学过程[M]. 邵瑞珍，译. 北京：文化教育出版社，1982.

[5]华东师范大学教育系，杭州大学教育系. 现代西方资产阶级教育思想流派论著选[M]. 北京：人民教育出版社，1981.

[6]吴立宝，王光明，王富英. 教材分析的几个视角[J]. 教育理论与实践，2016，36(23)：39－42.

[7]江新华. 中小学课堂教学重难点问题探究[J]. 教学与管理，2005(12)：32－33.

[8]高友润. 学情分析不止在学"前"[J]. 人民教育，2020(Z3)：114－115.

[9]马文杰，鲍建生. "学情分析"：功能、内容和方法[J]. 教育科学研究，2013(9)：52－57.

[10]安桂清. 论学情分析与教学过程的整合[J]. 当代教育科学，2013(22)：40－42.

[11]马思腾，褚宏启. 基于学生核心素养发展的学情分析[J]. 现代教育管理，2019(5)：124－128.

[12]谢晨，胡惠闵. 学情分析中"学情"的理解[J]. 全球教育展望，2015，44(2)：20－27.

[13]钱军先. 学情分析：有效教学的核心和关键[J]. 教育研究与评论(中学教育教学)，2009(8)：14－17.

[14]杨治良，郝兴昌. 心理学辞典[M]. 上海：上海辞书出版社，2016.

[15]胡金木，赵林卓. 学习兴趣的发展阶段、影响因素与激发路径[J]. 课程·教材·教法，2021，41(11).

[16]约翰·杜威. 教育中的兴趣及努力[M]. 北京：中国传媒大学出版社，2018.

[17]李朝辉. 教学论[M]. 北京：清华大学出版社，2010.

[18]陈刚. 试论物理课堂教学目标的内涵与陈述(一)[J]. 物理教学，2016，38(1)：2－7.

[19]李秉德. 教学论[M]. 北京：人民教育出版社，1991.

［20］陈刚．物理教学设计［M］．上海：华东师范大学出版社，2009．

［21］刘恩山．义务教育小学科学课程标准解读［M］．北京：高等教育出版社，2017．

［22］张涛．课堂教学目标的确定及其达成要求［J］．当代教育科学，2015（24）：53—55．

［23］施良方，崔允漷．教学理论——课堂教学的原理、策略与研究［M］．上海：华东师范大学出版社，2010．

［24］赵蒙成，汪澄．课堂教学目标设计的迷思与出路［J］．湖南师范大学教育科学学报［J］．2016，15（6）：51—57＋64．

［25］肖锋．学会教学——课堂教学技能的理论与实践［M］．杭州：浙江大学出版社，2004．

［26］李成彬，游阳阳．教学目标设计的现实问题与未来展望［J］．教学与管理，2020（15），11—13．

［27］潘懋元．高等学校教学原理与方法［M］．北京：人民出版社，1995．

［28］王策三．教学论稿［M］．北京：人民教育出版社，1985．

［29］孙春成．新语文课堂：探究教学法［M］．南京：南京师范大学出版社，2003．

［30］庞红卫．试论教学方法的组合［J］．中国教育学刊，2000（5）：31—33．

［31］许高厚．课堂教学技艺［M］．北京：北京师范大学出版社，1998．

［32］张余金．科学方法论［M］．北京：劳动人事出版社，1988．

［33］高翔．小学科学实验教学概念的界定［J］．教学仪器与实验，2016（2）：61—64．

［34］张鹍．提高小学科学实验教学有效性的思考［J］．求学，2021（32）：69—70．

［35］沈芬．科学家的故事［M］．石家庄：河北教育出版社，2020．

［36］宋达文．磁场及电磁感应［M］．天津：天津教育出版社，1985．

［37］秦海．牛顿：站在巨人肩上的巨人［M］．西安：太白文艺出版社，2002．

［38］本书委员会．中学物理课堂教学方法实用全书［M］．呼和浩特：内蒙古大学出版社，1999．

［39］曾宝俊，夏敏．小学科学教材教法与教学设计（低年级）［M］．福州：福建教育出版社，2018．

［40］王红宇．合作学习理论在教学实践中的运用［J］．比较教育研究，1992（1）：21—25．

［41］王朝云．课前准备是语文高效课堂的驱动力［J］．中国教育学刊，2020（6）：104—105．

［42］李晓军．谈教师的课堂应变能力［J］．青少年日记（教育教学交流版），2010（9）：15—16．

［43］李国臣，孙九启，李铭浩．优化课堂教学的策略与修炼［M］．天津：天津教

育出版社，2017.

[44]田娟．有序管理：让小学科学课堂充满律动[J]．新课程（下），2011(5)：39.

[45]王亚丽．小学科学探究课堂即时调控策略例谈[J]．教育实践与研究，2016(1)：73－74.

[46]李德前．例谈初中化学教学的板书设计[J]．化学教学，2012(3)：22－25.

[47]彭小明．教学板书设计系统论[J]．教育评论，2003(4)：63－65.

[48]任苏民．一种"中国教育学"的理论和话语：叶圣陶"养成良好习惯"教育思想探析[J]．教育史研究，2021,3(3)：57－69.

[49]顾明远．教育大辞典[M]．上海：上海教育出版社，1998.

[50]杨小亮．高中生物学板书设计策略[J]．中学生物教学，2021(27)：12－14.

[51]北京师联教育科学研究所．教学板书设计：小学数学教学板书设计300例[M]．北京：学苑出版社，2002.

[52]范蔚．实施综合实践活动对课程资源的开发利用[J]．教育科学研究，2002(3)：32－34＋47.

[53]江梅．架设跨区域之桥　生成新课程资源："秋天的叶子"综合实践活动案例[J]．中国电化教育，2008(7)：63－66.

[54]朱煜．历史学科课程资源的开发与利用[J]．课程·教材·教法，2002(9)：53－57.

[55]国家研究理事会．美国国家科学教育标准[M]．北京：科学技术文献出版社，1999.

[56]应雪红．小学科学课程资源开发的途径及策略[J]．新课程(小学)，2018(3)：21.

[57]胡竹飞．"双减"背景下科学作业生本化设计[J]．科教导刊，2021(36)：112－114.

[58]林兆星．科学思维：科学作业设计的核心取向[J]．福建教育，2021(49)：43－45.

[59]程樟木，杨丽霞．"双减"背景下初中英语作业设计原则与实践[J]．福建基础教育研究，2021(11)：14－15＋42.

[60]樊党娟．学科核心素养下中学物理观察类实践作业的开发与分析[J]．中学物理，2021,39(24)：20－21.

[61]鲍建中，秦晓文．初中物理制作类作业的设计策略[J]．中学物理，2021(6)：19－22.

[62]马艳，肖祥彪．假期作业可操作性评价系统探究[J]．教学与管理，2020(3)：121－124.

[63]胡淑珍．教学技能[M]．长沙：湖南师范大学出版社，2016.

［64］梁碧晨. 思想品德课堂教学情境导入的艺术［J］. 考试（教研），2011（5）：58＋109.

［65］孙明园. 引之有则，导之有法：浅议小学科学课堂导入策略［J］. 新课程，2020（31）：116.

［66］蔡海军. 小学科学课堂导入的策略［J］. 湖南教育，2004（15）：18－19.

［67］姜丽萍. 小学科学课生活化导入"七法"［J］. 现代教育科学，2014（12）：169＋165.

［68］孙慧芳. 小学科学课堂教学的有效提问策略［J］. 教学与管理，2021（5）：65－67.

［69］欧阳俊. 小学科学课堂有效性提问的策略［J］. 科学咨询（教育科研），2016（3）：69－70.

［70］林雅梅. 浅谈小学科学课堂教学中的提问艺术［J］. 科学大众（科学教育），2019（9）：73.

［71］杨楚贤. 科学课堂有效提问策略［J］. 现代中小学教育，2010（11）：49－50.

［72］徐旦. 浅谈小学低年级科学课堂提问的优化［J］. 华夏教师，2020（16）：76.

［73］李如密，刘巧叶. 教学理答艺术：内涵、功能、要求及优化［J］. 教育学术月刊，2013（9）：91-95.